Johann Jacob
Christoph von
Grimmelshausen

Simplicius Simplicissimus

Bearbeitet von
Achim Seiffarth

Redaktion : Jacqueline Tschiesche
Projektleitung und Graphik : Nadia Maestri
Computerlayout : Maura Santini
Illustrationen : Ivan Canu

Erstausgabe: September 2004

Bildnachweis: Christie's Images, London UK / Bridgeman Art Library: 6-7; © CONTRASTO: 21; © Bettmann / CONTRASTO: 23; © 2004 foto SCALA, Firenze: 47; © Philadelphia Museum of Art / CONTRASTO: 123.

Wir würden uns freuen, von Ihnen zu erfahren, ob Ihnen dieses Buch gefallen hat. Wenn Sie uns Ihre Eindrücke mitteilen oder Verbesserungsvorschläge machen möchten, oder wenn Sie Informationen über unsere Verlagsproduktion wünschen, schreiben Sie bitte an:
redaktion@cideb.it
http://www.cideb.it

CISQ CISQCERT
TEXTBOOKS AND TEACHING MATERIALS
The quality of the publisher's design, production and sales processes has been certified to the standard of
UNI EN ISO 9001

ISBN 88-530-0149-6 Buch
ISBN 88-530-0150-X Buch + CD

Gedruckt in Genua, Italien, Litoprint

Inhalt

Die CD enthält den kompletten Text.

Leben
Johann Jacob Christoph von Grimmelshausen

Simplicius Simplicissimus ist im sechzehnten Jahrhundert ein Bestseller.
Der Name des Verfassers jedoch ist erst seit 1838 bekannt. Wie viele Autoren im Barock, hatte Grimmelshausen den Roman unter einem Pseudonym publiziert, einem Anagramm des wirklichen Namens.

Wer ist dieser Grimmelshausen? Ist er selbst der Simplicius, dessen Leben er erzählt?
Generationen von Historikern haben sich mit dieser Frage beschäftigt. Heute können wir seinen Lebenslauf rekonstruieren.
Johann Jakob Christoph ist 1621 in Gelnhausen geboren. Seine Familie ist adlig, aber schon sein Großvater hatte als einfacher Bäcker in der Stadt gelebt und den Adelsnamen „von Grimmelshausen" nicht mehr geführt. Der Vater stirbt 1625, die Mutter heiratet wieder und zieht nach Frankfurt. Der kleine Johann lebt bei seinem Großvater in Gelnhausen. Er besucht die Lateinschule, ganze fünf Jahre lang.

Soldatenuniformen
im Dreißigjährigen Krieg (1618-1648)

Krieg...

Im Januar 1635 wird Gelnhausen überfallen. Kroatische Soldaten nehmen Johann Christoph mit nach Fulda und lassen ihn für sich arbeiten. Später nehmen hessische Soldaten die Kroaten gefangen mit ihnen Christoph. Er kommt bis nach Kassel. 1636 ist er bei der Belagerung Magdeburgs und bei der Schlacht von Wittstock dabei. Den Winter 1636/37 verbringt er als Soldat in Soest.

Von hier geht seine Armee an den Oberrhein, wo sie 1638 zweimal von den Sachsen geschlagen wird. Bei einer Neuorganisierung der Truppen kommt Simplicius nach Offenburg. Der Kommandant bemerkt das Talent seines Soldaten und macht ihn zum Regimentssekretär. Mit Hilfe eines älteren Sekretärs, der eine Universität besucht hatte, lernt Johann Christoph in dieser Zeit viel;

Alexander Marshal
Die Belagerung von Magdeburg (18. Jh)

Zeit seines Lebens liest er alles, was er bekommen kann. Er nimmt den Adelsnamen von Grimmelshausen wieder an.
1649 heiratet er.

... und Frieden.

Seit 1648 ist der Krieg zu Ende.
Johann von Grimmelshausen folgt seinem Kommandanten nach Gaisbach (heute in Oberkirch), und arbeitet als Verwalter für ihn. Später kann er Land kaufen und übernimmt auch ein Gasthaus, in dem seine Frau und seine Töchter arbeiten.
1667 wird Grimmelshausen Schultheiß von Renchen: im Namen des Bischofs kümmert er sich um die juristische Seite der wirtschaftlichen Aktivitäten in der Stadt.

1668 erscheint *Simplicissimus Teutsch*. Es ist nicht das erste Buch von Grimmelshausen. Aber der Erfolg dieses Buches ist einmalig. Es erscheinen immer neue Auflagen, auch Raubdrucke und verschiedene Fortsetzungen – auch Grimmelshausen selbst schreibt mehrere „Continuationen".

Grimmelshausen veröffentlicht jetzt ein Buch nach dem anderen: einen „Ewigwährenden Kalender" zum Beispiel und viele Erzählungen (*Teutscher Michel, Galgenmännlein*).

1672 gibt es wieder Krieg. Ludwig XIV. will Süddeutschland besetzen. Es scheint, Grimmelshausen ist auch hier als Soldat dabei.
1675 werden die Franzosen geschlagen und ziehen sich zurück.
1676 stirbt Johann von Grimmelshausen.

1 Zum Leben und ums Leben herum

1. Als Gedächtnisstütze: Lege eine Zeittafel an, in der die Jahre 1621, 1648, 1649, 1668 und 1676 vorkommen.
2. Eine Art Spiel: Grimmelshausen benutzt gern Anagramme seines wirklichen Namens als Pseudonym. Kannst du die Umformung der folgenden Anagramme in den Originalnamen zeigen? Sind alle Buchstaben dabei?
   German Schleifheim von Sulsfort
   Melchior Sternfels von Fuchsheim
3. Aufgabe: Biographie und Erzählung. Welche Elemente aus dem Leben des Verfassers des „Simplicius" findest du in der Erzählung wieder? Welche nicht?
4. In der Stadt Renchen gibt es eine Statue, die den Titel *Der Jäger von Soest* trägt. Wer hat die Statue gemacht? Warum steht sie da? Was erinnert in der Stadt Renchen noch an Grimmelshausen? Benutze für deine Recherche das Internet.

KAPITEL 1

Wie Simplicius seinen Knan und seine Meuder verlässt und einem Einsiedler begegnet

2

Meine Familie ist von Adel [1]!“ Das erzählt heute jeder, ob Bäcker, Bauer oder Straßenräuber [2].

Mit dieser lächerlichen Mode habe ich nichts zu tun.

Ich bin wirklich adelig.

Meine Kindheit habe ich in einem Palast verbracht. Ich sehe ihn noch vor mir:

Mein Knan [3] hat ihn aus Lehm [4] gebaut. Alle Zimmer sind

1. **r Adel** : e Aristokratie.
2. **r/e Straßenräuber/in** : wartet an der Straße, um den Leuten Geld und Leben zu nehmen.
3. **r Knan** : (regional) Vater.
4. **r Lehm** : gelbe Erde, mit der man bauen kann.

schwarz vom Rauch.

Wir haben niemanden, der für uns putzt und kocht oder das Essen serviert. Aber Schafe und Schweine haben wir.

Auch meine Erziehung ist nobel: erst lerne ich die Principia des Stallputzens, dann soll ich etwas Besseres lernen und darf, wie Abraham und Isaak, wie Polyphem und Apollo, Schafe hüten?.

Täglich sagt mein edler [1] Knan zu mir: „Bub [2], schlaf nicht, sonst gibt's Schläge. Hüte die Schafe und spiel auf deiner Sackpfeife [3], sonst kommt der Wolf und frisst dich und die Schafe auf."

So gehe ich also mit meinen Schafen hinaus und spiele auf der Sackpfeife so laut ich kann.

Aber ich spiele nicht lange, da steht ein Reiter vor mir.

Ich habe noch nie einen Mann auf einem Pferd gesehen und denke: „Das muss der Wolf sein!" Ich spiele noch lauter auf meiner Sackpfeife.

Aber es kommen immer mehr Reiter.

Da packt [4] mich einer der Reiter, setzt mich auf sein Pferd und fragt, wo wir wohnen.

Ich zeige ihm den Weg.

Schnell wie der Wind reiten wir zum Haus meines Knans.

Die Soldaten laufen ins Haus.

Sie tragen alle Möbel heraus und machen ein großes Feuer.

1. **edel** : nobel, adelig.
2. **r Bub(en)** : (süddeutsch) Junge.
3. **e Sackpfeife(n)** : Musikinstrument mit Sack für die Luft.
4. **packen** : energisch nehmen.
5. **e Magd("e)** : archaisch für Frau, die in Haus und Hof hilft.

Wo ist mein Knan? Wo sind meine Meuder, meine Schwester Ursel und Anna, unsere Magd[5]?

Die Soldaten rösten unsere Schweine auf dem Feuer.

„Ist denn heut ein Festtag?“ frage ich.

Zur Antwort schlagen sie das Porzellan und die Fenster kaputt.

Da kommen auch mein Knan und die Frauen.

Die Soldaten setzen meinen Knan ins Feuer.

Dann tun sie Salz auf seine Füße und holen eine Ziege[1].

Die Ziege leckt ihm das Salz von den Füßen. Mein Knan lacht, er lacht immer lauter. Da muss ich auch lachen. Mein Knan lacht jetzt so, dass er weinen muss. Dann sagt er den Soldaten, wo das Geld liegt.

Die Frauen sind mit den Soldaten im Stall.

Was machen sie da?

Ich sehe die Magd auf dem Boden liegen. Sie sieht mich auch.

„Geh weg! Bub! Du siehst doch, was passiert! Lauf!“

Ich laufe in den Wald.

Es wird bald dunkel.

Ich gehe immer weiter. Angst im Herzen, Hunger im Bauch, und in Beinen und Augen – Müdigkeit.

Ich finde einen hohlen[2] Baum, lege mich hinein und schlafe sofort ein.

Aber was ist das? Da spricht jemand!

1. **e Ziege(n)** : macht „meck meck“, gibt Milch.
2. **hohl** : leer.

„Ach du meine Hoffnung, mein Reichtum, mein Gott!"

Was? Ich verstehe kein Wort.

Der Mann spricht weiter. „Du stehst mir bei [1] in Hunger, Durst und in jeder Not."

Das verstehe ich. Hunger und Durst habe ich auch. Ich steige aus meinem Baum.

Vor mir steht ein großer Mann mit langen Haaren. Er hat einen wilden Bart, ist blass und mager. Sein langer Mantel ist aus vielen kleinen Stücken zusammengeflickt [2]. Um Hals und Leib [3] hat er eine schwere Kette [4] gebunden.

„Der Wolf!" denke ich, nehme meine Sackpfeife und spiele so laut ich kann

Der Mann läuft nicht weg.

Er sieht mich an und fragt: „Was machst du mitten in der Nacht diesen Höllenlärm?"

„Wolf!" schreie ich. „Friss mich nicht!"

„Lieber Sohn", sagt der Mann. „Ich fresse dich nicht. Hab keine Angst."

Immer wieder sagt er es mir: „Ich bin nicht der Wolf. Ich bin ein armer Einsiedler [5]. Ich tue dir nichts." Langsam beruhige [6] ich mich und gehe mit ihm in seine Hütte [7]...

1. **jdm. beisehen** : jdm. helfen.
2. **zusammengeflickt** : aus kleinen Stoffstücken gemacht.
3. **r Leib(er)** : Körper.
4. **e Kette(n)** : schwer, aus Metall, wird von Gefangenen getragen, damit sie nicht weglaufen.
5. **r Einsiedler(=)** : Eremit.
6. **sich beruhigen** : ruhig werden.
7. **e Hütte(n)** : kleines Haus.

Zu essen hat er nichts.

Aber Wasser gibt es.

Müde und zufrieden lege ich mich auf den Boden und schlafe ein.

Der Einsiedler weckt mich am nächsten Morgen.

„Aufstehen, Kleiner. Jetzt isst du etwas, dann zeige ich dir den Weg durch den Wald, damit du heute noch unter Leute kommst."

Ich verstehe ihn nicht. „Was sind denn Leute?" frage ich.

„Gott steh uns bei!" ruft der Einsiedler. „Bist du närrisch*?"

„Aber nein", erkläre ich ihm. „Der Bub meiner Meuder und meines Knans, das bin ich. Der Närrisch bin ich nicht."

Einsiedler: „Wie heißt du denn?"

Simplicius: „Ich heiße Bub."

Einsiedler: „Dass du kein Mädchen bist, kann ich sehen. Aber wie haben Vater und Mutter dich gerufen?"

Simplicius: „Wer ist das, Vater und Mutter?"

Einsiedler: „Wer hat dir denn Hemd und Hose gegeben?"

Simplicius: „Ei, mein Meuder."

Einsiedler: „Und wie hat dich deine Meuder gerufen?"

Simlicius: „Sie hat mich Bub gerufen, auch Bengel[1]."

Einsiedler: „Wer ist denn der Mann deiner Mutter gewesen?"

Simplicius: „Niemand."

Einsiedler: „Bei wem hat denn dein Meuder des Nachts geschlafen?"

Simplicius: „Bei meinem Knan."

Einsiedler: „Wie hat dich denn dein Knan geheißen?"

1. **r Bengel(=)** : respektloser Junge.

Simplicius: „Er hat mich auch Bub genannt."

Einsiedler: „Wie hat ihn aber deine Meuder gerufen?"

Simplicius: „Knan, und auch Meister."

Einsiedler: „Hat sie ihn niemals anders genannt?"

Simplicius: „Ja, sie hat."

Einsiedler: „Wie denn?"

Simplicius: „Rüpel [1], grober [2] Bengel, volle Sau [3] und noch anders, wenn sie böse war."

Einsiedler: „Dann kennst du deinen Namen und den deiner Eltern nicht!"

Simplicius: „Du kennst sie doch auch nicht!"

Einsiedler: „Kannst du auch beten [4]?"

Simplicius: „Das Bett? Das haben unsere Anna und mein Meuder gemacht."

Einsiedler: „Ich frage nicht nach dem Bett, sondern will wissen, ob du das Vaterunser kannst."

Simplicius: „Ja."

Einsiedler: „Dann sprich es!"

Simplicius: „Unser lieber Vater, der du bist Himmel, heiliger* werde Name, zu kommen das Reich, dein Will schön im Himmel und auf Erden, Ama."

Einsiedler: „Bist du nie in die Kirche gegangen?"

Simplicius: „Die Kirschen [5] hab ich gegessen."

Einsiedler: „Und von Gott? Was weißt du vom Herrgott?"

1. **r Rüpel(=)** : vulgärer, aggressiver Mensch.
2. **grob** : nicht fein.
3. **e Sau("e)** : weibliches Schwein.
4. **beten** : zu Gott sprechen.
5. **e Kirsche(n)** : kleine rote Frucht mit Stein.

Simplicius: „Ja, zu Hause an der Haustür, da hat er gehangen, den hat die Meuder gebracht und da hingehängt."

Einsiedler: „Ach, Herr, gib mir Kraft. – Höre Simpel (denn anders kann ich dich nicht nennen), wenn du das Vaterunser betest, musst du das so tun: ..."

Der Einsiedler spricht das Vater unser. „... im Himmel und auf Erden, und unser tägliches Brot gib uns heute und –" Ich unterbreche ihn.

Simplicius: „Aber auch Käse zum Brot, was?"

Einsiedler: „Ach liebes Kind, sag nichts und lerne. Das ist wichtiger als Käse. Wie gern möchte ich dich nach Hause bringen und ihnen sagen –"

Simplicius: „Ich weiß nicht, wo ich hin soll, und mein Meuder und mein Knan sind weggelaufen, und die Anna liegt im Stall."

Einsiedler: „Warum sind sie denn weggelaufen?"

Simplicius: „Ha, da sind Männer gekommen, die haben auf Dingern gesessen. Die haben unsere Kühe und Schweine und Schafe geschlachtet und ein großes Feuer gemacht mit den Möbeln und allem."

Einsiedler: „Und wohin willst du jetzt?"

Simplicius: „Ich will bei dir bleiben."

Einsiedler: „Das geht nicht. Jetzt iss etwas, dann bringe ich dich zu Leuten."

Simplicius: „Dann sag mir auch, was Leute sind."

Einsiedler: „Leute, das sind Menschen wie du und ich. Dein Knan, dein Meuder und eure Anne sind Menschen."

Ich sage nichts mehr und esse, so viel ich kann.

Der Einsiedler sieht mir zu. Dann sagt er: „Nun geh, mein Sohn."

„Wohin denn? Lass mich bei dir bleiben!"

Der Einsiedler will nichts davon wissen. Aber ich lasse nicht locker.

„Ich weiß nichts, Einsiedler. Hilf mir, erklär mir das Vaterunser und die Menschen."

„Da hast du Recht, Simplicius. Ich kann dich nicht so gehen lassen! Gottes Wort musst du kennen."

Ich darf bleiben.

Zum Verständnis

1 Was ist richtig?

1. Als Junge lebt Simplicius
   a. ☐ auf einem kleinen Bauernhof.
   b. ☐ auf einer Burg.
   c. ☐ in einer Villa auf dem Lande.
2. Was machen die Soldaten?
   a. ☐ Sie machen Spaß und bringen den Vater zum Lachen.
   b. ☐ Sie suchen nach Geld und legen Feuer.
   c. ☐ Sie suchen nach Geld. Der Vater findet das lustig und muss lachen.
3. Der Junge sagt seinen Namen nicht, denn
   a. ☐ er hat ihn vergessen.
   b. ☐ er hat immer allein gelebt.
   c. ☐ seine Eltern haben ihn nicht mit seinem Namen gerufen.
4. Der Junge hat Angst vor dem Eremiten, denn
   a. ☐ der Eremit ist aggressiv.
   b. ☐ er hat noch nie einen Eremiten gesehen.
   c. ☐ er hat vor allen Menschen Angst.
5. Was will der Junge tun?
   a. ☐ Er will bei dem Eremiten bleiben.
   b. ☐ Er will allein weiter ziehen.
   c. ☐ Er will nach Hause zurück.

2 Beantworte die Fragen

1. Ist der Junge adelig oder nicht? (Sicher können wir da allerdings nicht sein.)
2. Der Junge hält mehr als einen Mann für einen Wolf. Wen und warum?
3. Wie nennt der Junge seinen Vater und wie seine Mutter?
4. Warum behält ihn der Eremit bei sich?

3 Zur Interpretation

1. Räuber oder Soldaten überfallen den Hof. Aus wessen Perspektive beschreibt der Erzähler die Szene?
2. Was für ein Mensch ist der junge Simplicius?
3. Der Erzähler geht an einer Stelle vom Erzählen zur Wiedergabe eines Dialogs über. Was meinst du: Warum tut er das?
4. Aus der Philosophiegeschichte (vielleicht auch aus der Literaturgeschichte) kennst du andere Dialoge ... zum Beispiel die Platonischen Dialoge mit Sokrates. Vergleiche!

Wortschatz

1 Diese Wörter kennst du aus dem Text

Ergänze die folgenden neun Sätze durch die acht Substantive aus der Liste (unten).

1. Ein Baron, ein Prinz oder Fürst ist ein ...
2. Ein Mann, der fern von anderen Menschen allein im Wald leben, um Gott näher zu sein, ist ein ...
3. Ein Mann auf einem Pferd ist ein ...
4. Eine Frau, die in Haus und Hof hilft, hieß früher ...
5. Ein kleines Haus ist eine ...
6. Ein Mensch, der nicht gelernt hat, was man tut und was nicht, ist ein ....
7. Ein Junge, der nicht tut, was ihm gesagt wird, ist ein ...
8. Das männliche Schwein heißt Eber, das weibliche Schwein heißt ...
9. Einen schmutzigen Menschen nennen wir, wenn wir selbst etwas ordinär sein wollen, eine ...

e Sau("e) – e Magd("e) – r Adlige (subst. Adj.!) – e Hütte(n) – r Einsiedler(=) – r Bengel(=) – r Rüpel(=) – r Reiter(=)

Der Dreißigjährige *Krieg*

1600: Das Deutsche Reich ist groß, aber nicht stabil.
Es besteht aus vielen großen und kleinen Staaten.
Seit zweihundert Jahren stammen die Kaiser des Heiligen Römischen Reiches Deutscher Nation aus dem Hause Habsburg, aber diese Kaiser müssen immer erst von einer Gruppe mächtiger Fürsten gewählt werden. Ohne seine Fürsten und andere mächtige Männer zählt der Kaiser nicht viel.
Die Regenten sind untereinander zerstritten. Seit der Reformation sind einige Länder protestantisch (*Lutheraner* oder *Reformierte*), andere katholisch. Die Menschen in diesen Ländern dürfen nicht frei wählen: *cuius regio, eius religio*, heißt es seit dem Augsburger Religionsfrieden von 1555.
Aber dieses Prinzip lässt sich nicht durchsetzen.
In Böhmen (heute: Tschechische Republik) leben viele Reformierte. Erzherzog Ferdinand II., aus dem Hause Habsburg, ist Katholik, aber die Böhmen haben sich Religionsfreiheit erkämpft.
Ab 1617 lässt Erzherzog Ferdinand II. Reformierte Kirchen im Lande zerstören.
Die Antwort der Böhmischen Stadträte zu Prag: sie werfen die Repräsentanten des Deutschen Kaisers (Matthias von Habsburg) aus dem Fenster. Auf diese Provokation folgt der Krieg.
Die Böhmen verbünden sich mit Braunschweig, Baden und der Pfalz. 1620 wählen sie Friedrich V. von der Pfalz zu ihrem König.
Auf der Gegenseite steht eine Koalition der Habsburger

Der Prager Fenstersturz im Jahr 1618 (17. Jh.)

(auch Spanier sind dabei) mit Maximilian von Bayern, dem Anführer der Katholischen Liga, und mit den lutheranischen Sachsen.

1620, in der Schlacht am Weißen Berg, besiegen die Kaiserlichen unter General Tilly die Böhmen.

Der „Winterkönig" Friedrich von der Pfalz flieht. 1622/23 besiegt Tilly auch Baden und Braunschweig.

In Böhmen wird der Katholizismus Staatsreligion. Ca. 150 000 Reformierte fliehen aus Böhmen.

Damit ist aber der Krieg nicht zu Ende.

Christian IV. von Dänemark, dem auch Holstein gehört, kommt 1625 den deutschen Protestanten zu Hilfe. Doch kann General Tilly, zusammen mit General Wallenstein, Christian bis nach Jütland zurücktreiben.

1629 wird der Frieden von Lübeck geschlossen.
Der katholische Kaiser triumphiert. Die Protestanten sind in einer schwierigen Lage. Der Kaiser erlässt ein Restitutionsedikt zugunsten der Katholischen Kirche. Darüber ärgern sich auch katholische Fürsten. Ihnen wird der Kaiser zu mächtig. Dasselbe denken auch Kardinal Richelieu in Frankreich und König Gustav Adolf in Schweden.
1630 landet der Schwedische König mit seiner Armee im Norden. Die Kurfürsten von Brandenburg und Sachsen verbünden sich mit dem „Löwen aus dem Norden“. Tatsächlich kann Gustav Adolf ein Armee Tillys vernichten und bis nach Mainz vordringen. Die Schweden siegen auch in der Schlacht von Lützen, aber Gustav Adolf fällt. Das Kommando übernimmt der Schwedische Kanzler Axel Oxenstierna.
Der kaiserliche General Wallenstein schlägt 1631 die Sachsen und Ferdinand II. schließt mit Sachsen und anderen protestantischen Ländern 1635 einen Separatfrieden. Zusammen wollen sie jetzt Deutschland von fremden Armeen befreien.
Doch im selben Jahr greift Frankreich direkt in den Krieg ein, 1636 kommt auch Dänemark wieder dazu.
Erst 1644 beginnen Friedensverhandlungen in Münster und Osnabrück. Der letzte Angriff von Schweden und Franzosen richtet sich 1645 gegen Bayern. Aber 1648 wird der Westfälische Frieden unterschrieben.
Die Schweiz und die Niederlande werden selbstständig. Das Süd-Elsass und einige Bischofsstädte (Metz) werden französisch. Schweden erhält Vorpommern und einige andere Gebiete; Brandenburg Hinterpommern, Minden und andere Gebiete.
Soweit die offizielle Version. Im „Simplicius“ finden wir davon

Der Westfälische Frieden (1648) (17. Jh.)

wenig. Denn den Bauern und Soldaten ist es ziemlich gleichgültig, wer da dreißig Jahre lang (und länger) durchs Land zieht.

Die Armeen bewegen sich nicht geschlossen, weil große Armeen schwer zu ernähren sind.

Einzelne Regimenter durchstreifen das Land. Seit Wallenstein gilt das Prinzip: „Der Krieg ernährt den Krieg", das heißt: für Essen und Trinken, später auch für ihre Bezahlung, müssen die Soldaten selbst sorgen. Sie plündern, rauben und morden. Niemand weiß also, wann er es mit Straßenräubern, wann mit regulären Soldaten zu tun hat. Beide lassen zerstörte Dörfer und Städte hinter sich zurück.

Schließlich kommt der Frieden, weil das Land ausgeblutet ist. Die Soldaten finden nichts mehr.

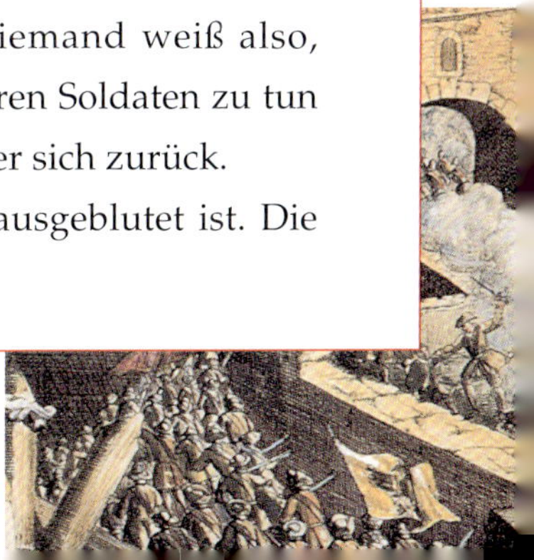

1 Daten und Namen

Beantworte mit Hilfe des Texts die folgenden Fragen.

1. Im Laufe des Dreißigjährigen Krieges gab es ein Friedensjahr. Welches Jahr ist das?
2. Was passiert wann? Mache eine Zeittafel:
   1618 – 1620 – 1625 – 1629 – 1630 – 1635 – 1644 – 1648
3. Wer sind diese Personen? Leopold II., Friedrich V. von der Pfalz, Tilly, Wallenstein, Oxenstierna, Richelieu?
4. Der Streit der Konfessionen. Auf wessen Seite kämpfen die Lutheraner? (Es ist mehr als eine).
5. In der Regel teilen Historiker/innen den Dreißigjährigen Krieg in zwei, drei oder vier Phasen auf. Welche Aufteilung hältst du für sinnvoll und warum?

2 Männer und Mächte

Diese Informationen müsstest du dir selbst suchen (etwa im Internet oder in Geschichtsbüchern).

1. Warum interessiert sich die Schweden für die Situation in Deutschland? (Es gibt mindestens zwei Motive)
2. Im siebzehnten Jahrhundert werden manche Politiker und Generäle wie Richelieu, Oxenstierna und Wallenstein berühmter als ihre Herren. Sammle Informationen über Wallenstein. Warum wird dieser Mann mächtig?

3 Auf Reisen

Auch hier musst du selbst recherchieren.

Wie präsentieren sich die Städte Münster und Osnabrück heute dem Touristen/der Touristin? Spielt dabei der Westfälische Frieden eine Rolle? Was gibt es in diesen Städten zu sehen?

KAPITEL 2

Wie Simplicius selbst ein Einsiedler wird

3

In den ersten Wochen arbeiten wir zusammen im Garten.

Der Einsiedler ist zufrieden mit mir.

Ich soll ihn jetzt Vater nennen. Er nennt mich Simplicius.

Nach der Arbeit gibt mir der Einsiedler Religionsunterricht.

Er erzählt mir vom Paradies und vom Sündenfall [1]. Dann kommen Moses und die zehn Gebote. Ich soll lernen, was gut und was böse ist.

Schließlich erzählt mir der Alte von Jesus Christus, von Christi Kreuzestod [2] und Auferstehung [3].

1. **r Sündenfall("e)** : Eva gibt Adam den Apfel etc.
2. **r Kreuzestod(-e)** : Jesus Christus stirbt am Kreuz.
3. **e Auferstehung(en)** : nach dem Tod wieder lebendig werden.

Manchmal sehe ich den Einsiedler vor einem großen schwarzen Buch sitzen. Er sieht in das Buch und spricht, aber man hört nichts. Mit wem spricht er da?

Ich versuche es auch. Ich schlage das Buch auf und sehe ein Bild: Ein Haus steht in Flammen, Männer bringen die Schafe weg.

„Feuer!“ schreie ich und springe auf.

„Wohin, Simplicius?“ Der Einsiedler steht hinter mir.

„Ich muss Wasser holen“, antworte ich.

„Das Haus da“, ich zeige auf das Bild im aufgeschlagenen Buch, „das brennt!“

„Ei Simpel“, antwortet der Einsiedler, „bleib nur hier. Das ist nur ein Bild. Bilder leben nicht.“

„Die leben nicht? Aber du redest doch mit ihnen!“

Da muss der Einsiedler lachen. „Liebes Kind, ich rede nicht mit den Bildern, ich lese die schwarzen Zeichen [1] da.“

„Wie das?“

„Ich will es dir zeigen.“

Wir beginnen mit den Buchstaben. Bald lerne ich auch schreiben, besser als der Einsiedler selbst.

Wir leben zwei Jahre zusammen im Wald.

Was wir essen? Nun — Rüben, Bohnen und Erbsen wachsen in unserem Garten. Wilde Äpfel, Birnen und Kirschen finden wir im Wald.

Wir angeln [2] und fangen Vögel, essen aber auch Schnecken [3]

1. **s Zeichen(=)** : Symbol.
2. **angeln** : Fische fangen (nicht mit dem Netz).
3. **e Schnecke(n)** : kleines Tier (trägt oft sein Haus auf dem Rücken), sehr langsam.

und Frösche [1].

Wir haben keine Teller, keine Becher und Gläser. Wir essen und trinken aus der Hand. Nur zum Kochen haben wir einen großen Topf.

Salz gibt uns der Pfarrer eines Dorfes in der Nähe. Aber wir treffen ihn nicht oft.

Natürlich gehen wir sonntags in die Kirche, aber wir setzen uns so, dass uns niemand sieht.

Eines Tages nimmt mein bester Freund auf Erden die Hacke [2], gibt mir die Schaufel [3] und führt mich in den Garten.

„Nun, Simplicius, liebes Kind“, sagt er nach dem Gebet. „Es ist Zeit. Heute verlasse ich diese Welt. Ich habe dir, glaube ich, alles gegeben, was du brauchst. Ich habe dich gelehrt, Gut und Böse zu unterscheiden. Ich hoffe, du findest deinen Weg zur ewigen Seligkeit [4].“

Er umarmt mich.

Ich muss weinen.

„Vater, bleib bei mir“, bitte ich ihn.

„Das geht nicht, mein Kind. Gottes Ordnung will es so. Weine nicht und denk an das, was ich dir gesagt habe. Erkenne dich selbst, halte dich von bösen Menschen fern und sei beständig [5].“

Mit seiner Hacke schlägt er die Erde auf. Mit der Schaufel gräbt er ein Loch. Ich helfe ihm, so gut ich kann. Aber ich muss oft weinen. Das Loch wird immer größer und tiefer.

1. **r Frosch("e)** : ist grün und quakt.
2. **e Hacke(n)** : damit schlägt man die Erde auf.
3. **e Schaufel(n)** : damit macht man das Loch in der Erde tiefer.
4. **e Seligkeit(en)** : mehr als Glück.
5. **beständig** : konstant.

„Ich muss sehen, ob ich in das Grab passe“, sagt schließlich der Einsiedler.

Er legt sich hinein.

„Ach großer Gott, in deine Hände gebe ich meinen Geist ...“

Ich knie neben dem Grab und bete.

Mein Vater steht nicht wieder auf. Ich warte lange. Dann springe ich ins Grab. Ich packe ihn an den Armen, ich küsse ihn. Nichts. Er ist tot.

Ich schreie. Ich laufe neben dem Grab hin und her. Was soll ich tun?

Gegen Abend aber nehme ich die Schaufel und schütte das Grab meines Vaters zu.

Die Monate vergehen, der Winter kommt. Ich sehe keinen Menschen. Es ist bitter kalt und ich fühle mich allein. Soll ich nicht doch einmal ins Dorf gehen und mit dem Pfarrer sprechen?

Eines Morgens mache ich mich auf den Weg.

KAPITEL 2

Als ich ins Dorf komme, stehen alle Häuser in Flammen. Auf der Straße liegen tote Männer, Frauen und Kinder.

Da sehe ich auch den Pfarrer.

Ein Reiter gibt ihm einen Schlag.

Der Pfarrer blutet, er fällt um.

Da kommt plötzlich eine Gruppe von Bauern, Stöcke und Steine in den Händen, aus dem Wald.

Die Bauern schreien laut. Die Reiter bekommen Angst und fliehen [1].

Ist das die Welt? Soll ich nicht doch im Wald bleiben?

Ich will den Pfarrer fragen. Aber der hat im Moment andere Sorgen [2].

Haus und Kirche stehen in Flammen. Er selbst ist verletzt. „Ich kann dir nicht helfen, Simplicius", sagt er nur. Traurig gehe ich in meinen Wald zurück.

Zwei Tage später, ich sitze gerade am Feuer, stehen plötzlich vierzig oder fünfzig Musketiere um mich herum.

Sie sehen mich mit großen Augen an. Was macht ein junger Mann wie ich allein hier mitten im Wald? Ich habe lange Haare und trage das zusammengeflickte Kleid des Eremiten.

Trotzdem suchen die Musketiere nach Geld und Gold, stürmen in meine Hütte und werfen alles durcheinander. Sie finden nur Bücher ...

Ihr Offizier bittet mich, ihnen den Weg aus dem Wald zu zeigen, denn sie haben sich verirrt [3]. Ich begleite [4] sie.

Zwischen den Bäumen sehen wir eine Gruppe von zehn Bauern. Einige tragen Feuerrohre [5], die anderen graben etwas ein. „Halt!" rufen die Musketiere. „Was macht ihr da?"

Die Bauern schießen auf sie und laufen dann weg.

Was haben die Bauern da eingegraben?

Die Musketiere graben es wieder aus. Es ist ein Fass.

1. **fliehen** : weglaufen.
2. **e Sorge(n)** : Gedanke an ein Problem.
3. **sich verirren** : den Weg nicht mehr finden.
4. **jdn. begleiten** : mit jdm. mitgehen.
5. **s Feuerrohr(e)** : (archaisch) Muskete, Gewehr.

Sie schlagen es auf und — ein Soldat liegt in dem Fass.

Er hat keine Nase und keine Ohren mehr, aber er lebt. „Das waren die Bauern“, sagt er.

Ich habe genug gesehen und gehe nach Hause.

Auch zu Hause sieht es traurig aus.

Meine Essensvorräte [1] für den Winter und meine Bücher liegen im Dreck [2].

Weinend sammle ich die Reste ein [3].

Aus einem der Bücher fällt ein Brief. Er ist von meinem Einsiedler.

Lieber Simplicius,
wenn du dieses Brieflein findest, verlasse den Wald!
Denke an Gott und bete fleißig. Dann wird Gott dir den richtigen Weg weisen.

Vale

Ich küsse das Brieflein.

Dann mache ich mich auf den Weg.

Ich wandere immer geradeaus, bis ich an das Stadttor [4] von Gelnhausen komme.

Es steht offen.

Ich gehe in die Stadt.

Auf allen Straßen liegen Tote.

Was ist hier geschehen?

Ich gehe schnell wieder aus der Stadt hinaus.

1. **r Essensvorrat("e)** : die Reserve.
2. **r Dreck** : Schmutz.
3. **einsammeln** : zusammen bringen.
4. **s Stadttor(e)** : Eingang zur Stadt.

Zum Verständnis

1 Ergänze was fehlt (siehe Liste unten)

1. Der Einsiedel nennt den Jungen ....
2. Zusammen arbeiten sie ....
3. Der Einsiedel erzählt dem Jungen ....
4. Sonntags gehen die beiden ....
5. Der Pfarrer gibt ihnen ....
6. Der Einsiedel stirbt und Simplicius ....
7. Simplicius will den Pfarrer ....
8. Aber der Pfarrer hat andere ....
9. Soldaten überfallen ....
10. Simplicius sieht ....
11. Simplicius will nicht ....
12. Simplicius wandert ....

(In der Liste stehen fünf Elemente zu viel)

in eine Stadt – in einer Stadt – bleibt im Wald – Brot – einen Mann ohne Nase – ein Kind ohne Ohren – Simplicius – im Haus – Salz – im Garten – um Rat fragen – Sorgen – Simplicius im Wald – im Wald bleiben – aus der Bibel – in die Kirche – Besuche machen

2 Erkläre in je einem Satz die folgenden Elemente der Erzählung

Beispiel: *Simplicius lebt mit dem Einsiedler im Wald.*

Wald – die Männer im Buch – ein selbst gegrabenes Grab – eine zerstörte Stadt – Rüben und Schnecken – Besuch von vierzig Musketieren – die Bücher auf dem Boden

3 **Was meinst du? Motive.**

1. Nach dem Tod des Einsiedlers will Simplicius das Einsiedler-Leben weiter führen. Warum?
2. Warum geht der junge Simplicius dann doch zum Pfarrer?
3. Warum verlässt er am Ende seinen Wald?

Wortschatz

1 **Das Leben eines Eremiten**

In der alten Legendenliteratur kommen viele Einsiedler vor. Seit ein paar hundert Jahren scheint die Sache aus der Mode gekommen zu sein (außer in der russisch-orthodoxen Kirche); jedenfalls spricht man wenig darüber. Aber wir wissen einiges von Simplicius, anderes weißt du sicher selbst.

2 **Beantworte die Fragen**

1. Wo lebt ein Einsiedler? in der Stadt – bei einem Bauern – in einem Kloster – im Wald – im Gebirge – in der Wüste
2. a. Wie ist unser Einsiedler gekleidet? lässig – ärmlich – modisch
   Was trägt unser Einsiedel zum Beispiel?
   Was sind also typische Kleidungsstücke? eine warme Jacke – ein alter Kartoffelsack – Holzschuhe – Lederschuhe

   b. Unser Einsiedler trägt allerdings auch eine Kette. Ein funktionales Kleidungsstück ist das nicht. Was macht man normalerweise mit einer Kette? Wer und was kommt an die Kette?
   Was meinst du: Warum trägt der Mann so etwas? Warum macht er sich das Leben schwer?

3. Wie ist die Ernährung eines Einsiedlers?
   ärmlich – natürlich – reichlich – erstklassig
   Obst und Gemüse: Was bekommt Simplicius zu essen?
   Kartoffeln – Rüben – Äpfel – Bohnen
   Was wächst auf, was über der Erde?
   Fisch und Fleisch: Was isst Simplicius, was nicht?
   Rinderbraten – gebratene Vögel – Schnecken – Schlangen – Gulasch – frischen Fisch
   Was würdest du nicht oder nur ungern essen?
   Was meinst du: Warum isst ein Einsiedler nicht im Gasthaus?
4. Was macht der Einsiedler den ganzen Tag?
   bitten – beten – arbeiten – schlafen und essen – kochen – Essen suchen – spazieren gehen – andere Leute treffen
5. Der Einsiedler liest auch. Was für ein Buch liest er meistens?
6. Das Haus des Einsiedlers ist sehr klein und heißt daher:

Und du?

1. Das Leben eines Einsiedlers ist vielleicht nicht besonders attraktiv. Aber es hat auch seine Vorteile. Einsiedler können in Ruhe nachdenken und brauchen keine Verwandten zu besuchen. Würdest du einige Zeit so leben wollen?
2. Wichtiges Regulativ zwischen Geist und Körper ist das Essen. Katholiken unterziehen sich zwischen Karneval und Ostern einer abgemilderten Fastenperiode. Heute wird Fasten (Nicht-Essen) nicht nur von religiöser Seite propagiert. Viele Leute legen ab und zu eine Fastenzeit ein, die mehrere Wochen dauern kann – manche, um abzunehmen, andere, um zu sich selbst zu finden. Informiere dich in Frauen- oder Fitnesszeitschriften oder im Internet (da findest du vor allem Reklame für Fastenseminare, – wanderungen etc.) über die gängige Praxis beim Fasten. Kannst du dir vorstellen, so etwas auch einmal zu machen? Wem würdest du Fasten empfehlen? Siehst du Gefahren dabei, zum Beispiel bei einer Tendenz zur Magersucht (Anorexie)? Siehst du eine Verbindung zu religiösen Elementen?

Einsiedelei

Der religiös motiviert Einsiedler ist im katholischen und orthodoxen Christentum, aber auch im Hinduismus und Buddhismus oft anzutreffen... Johannes der Täufer hat lange in der Wüste gelebt, im Hinduismus gibt es viele Personen, die isoliert lebten, dann aber wegen ihrer Heiligkeit von anderen Menschen aufgesucht wurden.

Menschen, die Distanz zur Welt halten (wollen), wählen allerdings nicht immer das religiöse Gewand. Im Folgenden werden ein paar Typen genannt. Beantworte die Fragen:

Robinson oder der moderne Unternehmer

Robinson hat sich nicht ausgesucht, auf der Insel zu leben... Aber wie er dort mit nichts angefangen hat und nach und nach immer besser hat leben können, das ist als Modell des modernen Kapitalisten interpretiert worden. Heute weiß man nicht recht – soll ein Unternehmen besser von (genialen) Einzelnen oder von gut organisierten Teams geführt werden?

Der Trapper oder der einsame Cowboy

Er reitet allein durch die Wälder des Wilden Westens und fängt Tiere. Zweimal im Jahr kommt er in die Stadt, um seine Felle zu verkaufen. Was er braucht, nimmt er sich. Hat er Probleme, löst er sie selbst. Gibt es diese Typen noch?

Otaku

Man weiß nicht, ob diese jungen Menschen (in Japan) wirklich Einsiedler sind oder Kranke. Sie treffen niemanden persönlich, sie gehen nicht aus dem Haus, einkaufen tun sie per Internet. Gibt es gute Gründe, so zu leben?

Killer, Spione und Attentäter

Sie sind lieber für sich. Warum? Das ist klar. Aber warum wählt jemand diese Form der Einsamkeit?

Künstler/innen

Es gibt sie noch. Manchmal leben sie jahrelang (oder für immer) in der Anonymität der Masse, vielleicht auch ohne festen Wohnsitz, und dann .. erscheint ein Buch oder eine CD von ihnen, und die Welt wundert sich. Kennst du Beispiele?

KAPITEL 3

Wie Simplicius in der Stadt Hanau fast ins Gefängnis kommt und des Secretarius' hilfreicher Ratschlag

4 Die Landstraße führt mich zur Festung Hanau. Am Tor nehmen mich sofort zwei Musketiere in ihre Mitte und bringen mich zu ihrem Offizier.

Der Offizier sieht mich mit großen Augen an.

Das verstehe ich. Ganz normal sehe ich nicht aus, mit meinen langen schmutzigen Haaren und meinem Einsiedler-Gewand [1].

Aber hat der Offizier sich einmal selbst angesehen?

Er trägt weite Hosen, die aussehen wie ein Frauenrock, die Haare sind zu Zöpfen [2] gebunden, wie es die Frauen auf dem Dorf tun. Nur zwischen Mund und Nase steht ein kleines Bärtchen. Eine Frau mit Bärtchen? Mann und Frau zugleich?

1. **s Gewand("er)** : Kleidung.
2. **r Zopf("e)** : zusammengebundene lange Haare.

„Perquisieren!“ schreit das Mannweib. Die Soldaten finden nichts als mein Gebetbüchlein.

Dann bringen sie mich zum Gouverneur.

„Wo kommst du her?“ fragt mich der Gouverneur als erstes.

„Das weiß ich nicht.“

„Und wo willst du hin?“

„Weiß nicht.“

Jetzt wird der Gouverneur rot und schreit: „Ein Spion bist du, oder ein Verräter[1]!“

Man gibt ihm das Buch, das man bei mir gefunden hat.

Das Brieflein des Einsiedlers fällt aus dem Buch.

Der Gouvernateur hebt es auf und liest es.

„Was heißt das? Ich verstehe das nicht. Das ist sicher ein Code! Ein Spion!“ schreit er wieder.

„Ins Gefängnis mit ihm! Da soll er singen lernen!“

Auf dem Weg ins Gefängnis gehen zwei Soldaten neben mir und drei Männer mit schwarzen Kapuzen hinter mir.

Sie haben seltsame Instrumente bei sich.

„Oh du armer Simplicius“, sage ich zu mir. „Die Welt wolltest du sehen. Da hast du sie.“

Ich stehe schon vor dem Gefängnis. Da ruft jemand aus einem Fenster meinen Namen.

Es ist der Pfarrer.

„Simplicius! Was hast du denn getan?“

„Ich weiß es nicht.“

Die Soldaten lachen. „Ein Spion und Verräter ist das!“

1. **r/e Verräter/in** : jd. der etwas erzählt, was er nicht erzählen soll.

„Das kann nicht sein!“ ruft der Pfarrer. „Ich bitte euch, wartet! Ich will erst mit dem Gouverneur sprechen.“

Tatsächlich [1], nach einer halben Stunde holt mich ein Soldat ab.

Ich soll erst einmal baden. Dann kommt der Barbier.

Ich bekomme auch Schuhe und Kleidung.

Es ist schon Abend, als man mich zu Tisch bittet.

Da sitze ich nun, gekleidet wie ein Baron und bekomme eine leckere Suppe und ein Glas Wein.

Diese Nacht schlafe ich in einem richtigen Bett. Es ist das erste Mal in meinem Leben.

Nur mein Bauch brummelt und grummelt [2] die ganze Nacht. Das muss das neue Essen sein.

Morgens soll ich erst zu meinem Pfarrer gehen.

„Mein lieber Simplicius“, sagt der Pfarrer freundlich, „dein Einsiedler war nicht nur der Schwager [3] unseres Gouverneurs, sondern auch im Krieg sein bester Kamerad. Unser Einsiedler ist lange Soldat gewesen. Aber in der blutigen Schlacht von Höchst hat er seine schwangere [4] Frau und die meisten seiner Soldaten verloren. So kam er eines Nachts zu mir. Er schenkte mir sein Pferd und all sein Geld. Er sagte, er wollte als Eremit im Wald leben. „Das ist etwas für Papisten [5]“, habe ich ihm gesagt. „Gott braucht Soldaten.“ Aber er wollte nicht auf mich hören.

1. **tatsächlich** : wirklich.
2. **brummelt und grummelt** : onomatopoetisch
3. **r Schwager/e Schwägerin** : Bruder/Schwester der Frau/des Mannes.
4. **schwanger** : erwartet ein Kind.
5. **r Papist(en)** : Katholik.

Ich selbst habe, wie du auch weißt, vor wenigen Tagen alles verloren und bin hier in die Stadt gekommen. Ich wollte die Ringe des Einsiedlers verkaufen. Der Gouverneur hat sie gesehen und hat mich rufen lassen. Ich habe ihm erzählt, was ich vom Einsiedler und von dir weiß.

Der Gouverneur möchte nun für dich Gutes tun. Wie kann er dir helfen? Willst du studieren? Willst du ein Handwerk [1] lernen oder hier im Haus des Gouverneurs bleiben?"

Ich bleibe.

Ich kenne nichts als das Eremitenleben im Wald und die Bibel.

Das Leben in der Festung Hanau sieht ganz anders aus.

Täglich sehe ich Soldaten streiten, saufen [2] und huren [3]. Und sie finden ihre Sünden [4] auch noch lustig und erzählen sie lachend weiter.

Anfangs sage ich manchmal etwas.

„Mauskopf! Willst du Schläge?" ist die Antwort der Soldaten.

Die anderen Leute in der Stadt sind nicht besser.

„Liebe deine Feinde!" Sie lieben nicht einmal ihre Ehefrauen, bezahlen ihre Diener [5] nicht, schlagen die Bauern. Und ihre Ehefrauen und ihre Diener und die Bauern auf dem Markt sind nicht besser.

„Sind das denn Christen?" frage ich eines Tages den Pfarrer.

Ich erzähle ihm, was ich gesehen habe.

1. **s Handwerk(e)** : ein praktischer Beruf.
2. **saufen** : (vulgär für) trinken.
3. **huren** : mit vielen Frauen gehen, oft für Geld.
4. **e Sünde(n)** : (religiös) etwas Schlechtes, was man tut.
5. **r/e Diener/in** : putzt, serviert etc. im Haus.

„Ja", erklärt er mir. „Ärgere dich nicht. Es kann nicht jeder wie die Apostel leben. Und vor allem: sag nichts! Ich tue es auch nicht, sonst ist die Kirche morgen leer."

Täglich gehe ich zum jungen Secretarius des Gouverneurs.

Ich soll bei ihm rechnen lernen. Aber er erklärt mir auch vieles andere.

Wie ich so bei ihm sitze, geschieht hin und wieder etwas Unangenehmes [1].

„Du Sau!" sagt der Secretarius dann.

Was ist das Problem?

Im Haus des Gouverneurs esse ich viele gute Sachen, die ich noch nie gesehen habe.

Man gibt mir auch Medizin.

Für meinen Bauch ist das alles zu viel. Ich habe Bauchschmerzen, ich lasse Winde fahren.

Einmal stinkt es so sehr, dass der Secretarius und ich aus dem Amtszimmer [2] laufen müssen.

„Da kann man nichts machen!" sage ich entschuldigend.

Der Secretarius sieht mich an. „Da sieht man, dass du aus dem Wald kommst und die Welt nicht kennst. Herren heben nur ein wenig das linke Bein, und sagen leise 'Je pète, je pète, je pète.'"

„Wie ein Hund!" Die Idee gefällt mir. „So will ich es tun."

Am nächsten Tag gibt der Gouverneur ein großes Festessen.

1. **etwas Unangenehmes** : (Substantivierung) was nicht schön ist.
2. **s Amtszimmer(=)** : Büro, Arbeitszimmer (offiziell).

Ich soll beim Auftragen [1] helfen.

Anfangs sprechen sie nur wenig.

Aber wir bringen immer mehr Speisen. Alles ist stark gesalzen.

Die Herren bekommen immer mehr Durst und trinken Wein.

Nach und nach wird es lauter. Die Herren lachen und schreien.

Sie scheinen Tiere, wie Odysseus' Freunde bei Kirke.

„Erst fressen sie wie die Säue, dann saufen [2] sie wie die Kühe, werden dumm wie Esel und kotzen [3] wie die Hunde," sage ich dem Pfarrer. „Ist das Gottes Ebenbild [4]?" frage ich ihn.

„Halt's Maul [5]!" sagt der Pfarrer da. „Fang nicht wieder an zu predigen."

Er lässt sich nicht mehr von mir stören.

1. **s Auftragen** : Servieren.
2. **saufen** : trinken wie ein Tier.
3. **kotzen** : (vulgär) brechen, das Gegessene wieder von sich geben.
4. **s Ebenbild(er)** : e Reproduktion.
5. **s Maul("er)** : Mund eines Tiers.

Zum Verständnis

1 Stationen in Hanau – Orte und Leute. Ergänze.

Am Tor von Hanau nimmt man Simplicius fest und bringt ihn erst zu einem 1........................, dann zum 2........................ . Der 3........................ lässt Simplicius ins 4........................ schicken. Aber der Pfarrer sieht ihn. Man bringt Simplicius zum 5........................ und 6........................ . Abends bekommt er ein 7........................ und darf in einem richtigen 8........................ schlafen. Am nächsten Morgen geht er zum 9........................, der ihm alles Wichtige erzählt. Simplicius bleibt in 10........................ und geht oft zu dem 11........................ in dessen 12........................ .

s Amtszimmer – r Offizier – s Baden – Hanau – r Secretarius – s Rasieren – s Bett – r Kommandant (2x) – s Gefängnis – r Pfarrer – s Abendessen

Übrigens: der Einsiedler, der Pastor und also auch Simplicius sind Protestanten. Wo erfahren wir das im Text?

2 Eindrücke. Von fünf Alternativen sind zwei oder drei richtig. Welche?

1. Simplicius findet die Kleidung des Offiziers am Tor seltsam. Der Offizier trägt nämlich ...
   - a. ☐ einen Rock.
   - b. ☐ einen Zopf.
   - c. ☐ einen Bart.
   - d. ☐ weite Hosen.
   - e. ☐ kurze Hosen.
2. Der Gouverneur hält Simplicius im ersten Moment für einen ...
   - a. ☐ Kriminellen.
   - b. ☐ Spion.

c. ☐ psychisch Kranken.
d. ☐ Freund.
e. ☐ Verräter.

3. Vieles, was die Menschen in Hanau tun, stört Simplicius. Er sagt, sie ...
   a. ☐ trinken zu viel.
   b. ☐ singen zu viel.
   c. ☐ beten zu viel.
   d. ☐ streiten zu oft.
   e. ☐ gehen mit Prostituierten.

3 Simplicius selbst ... Was ist richtig?

1. Als Simplicius ans Tor von Hanau kommt, ist er seltsam angezogen.
2. Der Pfarrer kritisiert, was Simplicius sagt. Die Menschen können nicht alle Heilige sein, sagt er.
3. Simplicius schmeckt das Essen in der Stadt nicht und er erklärt das dem Secretarius.
4. Der Secretarius gibt ihm einen guten Tipp, damit er keine Probleme bekommt.

4 Wie Odysseus' Gefährten bei Kirke...

1. Simplicius vergleicht die Männer bei Tisch mit Schweinen. Warum? Welche Wörter wählt Simplicius bei der Beschreibung ?
2. Schon zu Beginn seines Aufenthalts in Hanau hatte er die Menschen dort kritisiert. Was hatte ihn gestört? Und auch hier wählt der Erzähler „böse“ Wörter. Welche?

5 Schweinereien?

Schweine sind .. rosa (wie viele Europäer) und fressen alles (wie fast alle). Das Schwein steht uns nahe. Aber das Schwein ist auch schmutzig, sagt man, und darum ist es nicht immer nett, wenn wir unseren Nachbarn ein Schwein nennen — das ist dann eine Beleidigung und er kann zur Polizei gehen. In anderen Sprachen denkt man bei „Schwein" als Beleidigung an ein dummes Tier, in anderen an ein fettes, im Deutschen bleiben wir beim Schmutz, auch im metaphorischen Sinne (Schmutz = Sexualität oder als das Böse). Jedoch ist die Sache im Deutschen kompliziert: viele essen gern Schweinefleisch, manche hätten gern (ein) Schwein ...

Kannst du die folgenden Sätze mit den fehlenden Ausdrücken ergänzen?

a. Jemand kann Schwein haben und das heißt: ...

b. Wir kommen zu einer Party, aber es ist kein Schwein da und das heißt ...

c. Jemand hat kein Geld und kein Glück und ist ein .....

d. Etwas ist nicht nur nicht billig, es ist .....

schweineteuer – armes Schwein – er hat Glück – kein Mensch da

6 Was sagst du also wann?

a. Dein Freund fällt vom Balkon und tut sich nicht weh.

b. Du kommst in die leere Klasse.

c. Jemand findet keine Freunde.

Die Sache kompliziert sich bei der Sau. *Du Sau!* ist wirklich eine sehr böse Beleidigung. Jemand *schwitzt oder blutet wie eine Sau* ist ein sehr kräftiger Ausdruck. *Sauteuer* ist vieles, *sauschön* nicht. *Eine arme Sau* befindet sich in einer dramatischen Situation. Allerdings gibt es hier etwas Neues: man kann *die Sau rauslassen* im Sinne von: das Tier in mir frei lassen oder: mich gehen lassen, bei einer Party zum Beispiel.

Simplicius' *Problem*

Simplicius Bauch „grummelt", weil er noch nicht an das Essen in Hanau gewöhnt ist.
Er hat Probleme mit der Verdauung [1]. Im Darm [2] bilden sich Gase. Das nennt man Blähungen. Vulgär gesagt: Simplicius furzt. An solche vulgären Ausdrücke in der Literatur sind wir nicht gewöhnt. Aber auch das Thema Verdauung kommt in der Literatur bis ins Zwanzigste Jahrhundert nicht mehr vor, und in der Schulliteratur schon gar nicht.
Für Simplicius war das hingegen noch ein lustiges, aber legitimes Thema.
Als sehr viel drastischeres Beispiel kennen wir den französischen Schriftsteller Rabelais.
Aber selbst in Lateinbüchern für Schulen spricht man bis ins siebzehnte Jahrhundert darüber.
So schreibt auch der humanistische Gelehrte Erasmus von Rotterdam in einem Traktat für junge Leute (*De civilitate morum puerilium*, 1530): Der junge Mensch soll den Impuls, einen Wind gehen zu lassen, nicht unterdrücken, denn das ist ungesund; er soll, wenn es ein Geräusch gibt, dieses durch Husten überdecken: *Tussi crepitum dissimulet*. Der Rat ist dem des Secretarius zu Hanau nicht unähnlich. In heutigen Ratgebern für junge Menschen würden wir solche Tipps kaum finden. Was ist passiert?

1. **e Verdauung(en)** : Prozess, bei dem das Essen verarbeitet wird.
2. **r Darm("e)** : Organ, mit dem wir verdauen (23 Meter lang).

Annibale Carracci
Der Bohnenesser (um 1585)

Man liest oft, wir seien heute freier als die Menschen vor hundert oder vierhundert Jahren: Wir sagen (meistens) was wir wollen, ziehen an was wir wollen und laufen im Badeanzug (oder ohne) an den Stränden der Welt herum.
Der deutsch-britische Soziologe Norbert Elias meint, das sei nicht ganz richtig. Wir, Männer und Frauen Europas, könnten heute in Badehose am Strand herumlaufen, weil wir sehr viel disziplinierter sind als die Menschen früher es waren – früher wären Sex und Gewalt das Resultat gewesen.
Ganz Europa hat, sagt Elias, vom siebzehnten Jahrhundert an einen Prozess der Zivilisation durchlaufen, der die Gefühle und das Handeln der Menschen verändert hat.

1 Was meinst du? Was gilt heute noch?

Einige Zitate aus Ratgebern des dreizehnten bis siebzehnten Jahrhunderts für das Essen in (guter) Gesellschaft:

1. Ein Mann (der Marstall) soll am Tisch stehen und aufpassen, dass die Leute nicht streiten oder hässliche Worte sagen.
2. Iss nicht so große Stücke Brot, dass die Reste rechts und links von deinem Mund auf den Tisch fallen.
3. Trinke erst, wenn dein Mund leer ist, sonst hält man dich für einen Säufer.
4. Sprich erst, wenn dein Mund leer ist.
5. Leg dich nicht auf den Tisch.
6. Putz dir nicht mit dem Tischtuch oder der Hand die Nase.
7. Trink nicht aus der Schüssel.
8. Fass nicht mit den Fingern in die Sauce.

Welchen dieser guten Ratschläge würdest du heute in einen Knigge (so heißt heute, nach einem Autor des neunzehnten Jahrhunderts ein Ratgeber für gutes Benehmen) aufnehmen? Welche hältst du für überflüssig? Was bedeutet es, dass wir heute diese Ratschläge überflüssig finden?

Zur Diskussion

1 Frei oder unfrei – sind wir heute freier als die Menschen im Mittelalter, im Barock, im achtzehnten Jahrhundert? In welcher Hinsicht (nicht)?

2 **Gute Manieren sind für die Deutschen wichtig. Für die Leute bei dir zu Hause auch? Vielleicht gibt es doch ein paar Unterschiede.**

A Was findest du bei Tisch richtig, was nicht?

1. ☐ Die Füße kommen unter den Tisch.
2. ☐ Die Serviette binden wir um den Hals.
3. ☐ Den Teller hält man in der Hand.
4. ☐ Huhn, Fisch und Pizza darf man mit den Händen essen.
5. ☐ Das Essen schmeckt mir. Das können alle hören. (Ich schmatze!)
6. ☐ Was uns nicht schmeckt, lassen wir unter den Tisch fallen.
7. ☐ Am Ende liegen wir unter dem Tisch.
8. ☐ Mit vollem Mund spricht man nicht.

Was findest du *wichtig oder sehr wichtig*?

B Und die Deutschen? Was finden sie *wichtig/sehr wichtig*?

	Alle	West	Ost	M	W	mit Abi/Uni
Nicht schmatzen	95,4	95,2	96,4	93,1	97,5	93,8
Nicht mit vollem Mund reden	87,3	87,5	86,5	87	87,6	87,9
Am Tisch gerade sitzen	74,3	72,4	81,8	71,1	77,2	69,9
Nicht die Ellenbogen auf den Tisch stützen	67,5	65,3	76,3	61,1	73,4	58,3

Legende: West/Ost(deutschland), M(ännlich), W(eiblich), mit Abi(tur)/Uni(versitätsabschluss)

Wer ist traditionell eingestellt? Männer oder Frauen, Leute aus dem Westen oder aus dem Osten Deutschlands?

KAPITEL 4

Was der Bauch zu alldem sagt und wie Simplicius doch noch eine Stelle findet

5 Mein eigener Bauch macht mir wieder Schwierigkeiten.

Ich sitze am Tisch der Herren, einen großen Teller in der Hand, und in meinem Bauch rumort es wieder.

Ich hebe mein linkes Bein und will leise „Je pète" sagen. Aber ich muss schreien, denn was da aus meinem Bauch kommt, ist so laut wie eine Explosion.

Die Herren sehen mich an. Sie lachen nicht mehr.

Der Gouverneur lässt mich von zwei Soldaten hinaustragen und verprügeln[1].

Nach dem Essen gehen die Herren in ein anderes Haus.

1. **jdn. verprügeln** : jdm. viele Schläge geben.

Was tun sie da? Ich gehe an die Tür und sehe in den Saal.

Männer und Frauen springen im Saal hin und her, stampfen[1] mit den Füßen auf und schreien dazu.

Sie machen einen furchtbaren Krach.

Ich frage meinen Freund, den Secretarius.

„Das Haus soll einstürzen[2]“, erklärt er mir. „Als erstes stampfen sie Löcher in den Boden. Aber wenn sie eine Frau im Arm haben, kann ihnen nichts geschehen, sagt man.“

In dem Moment fängt die Musik wieder an. Die Männer springen auf die Frauen zu, nehmen eine in den Arm und springen herum.

In Todesangst springe ich in den Saal, packe eine junge Frau und lasse sie nicht wieder los. Sie schreit. Ich schreie lauter.

Da grummelt es wieder in meinem Bauch.

Auf einmal stinkt es im ganzen Saal.

Ich habe in die Hose gemacht.

Die Musikanten hören mit der Musik auf. Wieder sehen mich alle an.

„Schläge und ins Gefängnis!“ ruft der Gouverneur. Man bringt mich aus dem Haus.

Aber ich stinke so schrecklich, dass die Soldaten mich nicht schlagen wollen. Sie bringen mich in einen Stall und schließen die Tür zu.

Dort bleibe ich nicht lange allein.

Jemand öffnet die Tür.

Es ist ein Soldat. Er hat eine Frau bei sich.

1. **aufstampfen** : mit den Füßen großen Krach machen.
2. **einstürzen** : kaputt gehen.

„Was stinkt das hier so?“ fragt sie.

„Liebste“, antwortet der Soldat. „Kein Gestank der Erde kann stärker als unsere Liebe sein!“

Sie küssen sich.

Dann fallen sie auf den Boden. Sie machen Krach.

Was tun sie da? frage ich mich. Will er sie ermorden?

Ich springe zur Tür, aus dem Stall heraus und schreie: „Hilfe! Mörder!“

Die Tür schließe ich hinter mir zu und laufe weg.

Mitten in der Nacht klopfe ich beim Pfarrer.

Dort kann ich baden und die Magd wäscht meine Sachen.

„Simplicius“, sagt am nächsten Morgen der Pfarrer. „Es sieht schlecht aus. Der Gouverneur ist sehr böse auf dich und wenn man dich bei mir findet, bekomme ich Schwierigkeiten.“

Ich muss meine feuchten [1] Sachen anziehen und hinaus auf die Straße.

Im Haus des Gouverneurs setze ich mich in der Küche an den Ofen und warte.

Der Soldat aus dem Stall, ein Unteroffizier, kommt zu mir und gibt mir Geld.

„Du darfst nichts von heute Nacht sagen, verstehst du?“

Beim Essen lässt man mich rufen.

„Jemand hat ein Loch in eine Stalltür gemacht. Warst du das?“ fragt der Gouverneur vor allen Leuten.

„Nein, mein Herr“, antworte ich.

„Wer kann es denn gewesen sein?“

1. **feucht** : nicht trocken.

„Das darf ich nicht sagen."

Der Gouverneur sieht seine Gäste an. „Und wer hat gesagt, du sollst es nicht sagen?"

„Der Unteroffizier dort."

Alle lachen. Der Unteroffizier wird rot.

Dann fragt man mich, was er denn dort im Stall gesucht hat.

„Er kam mit einer jungen Frau in den Stall. Ich denke, er wollte Wasser lassen."

„Aber was hat die junge Frau gesagt?"

„Nichts, mein Herr. Ich denke, sie wollte dasselbe tun."

Wieder lachen alle.

Am Abend kommt der Pfarrer zu mir.

„Höre, Simplicius. Der Gouverneur lässt dich unter dem Namen Simplicius Simplicissimus ins Soldatenregister einschreiben. Er will dich als Narren [1] halten. Und damit du ganz und gar [2] närrisch wirst, hat er für dich etwas organisiert. Rede wenig und mach alles mit, dann geht es vielleicht noch gut."

Mitten in der Nacht wache ich auf.

Vier Teufel springen in meinem Zimmer herum.

Sie tragen Fackeln und schreien furchtbar.

„Du kommst jetzt mit! Jetzt geht's in die Hölle, Simplicius!"

Die Stimmen kenne ich, es sind vier Unteroffiziere des Gouverneurs. Aber ich sage nichts.

Im Dunkeln führen sie mich in den Keller. Sie halten mir einen Becher vor die Nase.

1. **r Narr(en)/e Närrin(nen)** : Leute, die zum Lachen sind.
2. **ganz und gar** : absolut.

„Sauf!" rufen sie. „Sauf, sonst kommst du ins Höllenfeuer!"

Ich trinke. Es ist Wein.

Sie trinken auch, aber mehr als ich, und springen wieder im Keller herum.

Ich bin müde und will schlafen, aber sie lassen mich nicht.

Drei Tage geht das so.

Man gibt mir zu trinken.

Man lässt einmal drei sehr hässliche alte Frauen, das nächste Mal zwei junge Mädchen mit langen, goldenen Haaren ins Zimmer. Man tut alles, um mich närrisch zu machen.

Dann lässt man mich schlafen.

Als ich aufwache, bin ich wieder in dem Stall, in dem ich schon einmal gewesen bin.

Jetzt trage ich ein Kalbsfell [1] und eine Kapuze mit Eselsohren [2].

Kurze Zeit später kommen Soldaten und bringen mich in die Küche.

Man gibt mir Salat und Salz zu fressen.

In der Nacht schlafe ich im Kuhstall.

Morgens gehe ich zu meinem Pfarrer.

Alle denken, ich bin närrisch geworden.

Aber ich tue nur wie ein Narr und bin doch keiner.

„Mach dir keine Gedanken", sagt der Pfarrer. „Die Welt will, dass man ihr etwas vorspielt. Tu einfach, was man von dir erwartet und danke Gott."

1. **s Kalbsfell(e)** : Haut eines kleinen Rinds.

2. **s Eselsohr** : (hier) Ohr des Esels, der Esel macht „iah" und ist nicht sehr intelligent.

KAPITEL 4

Schon bald muss ich wieder zum Gouverneur, denn er hat Besuch.

Ich spiele den Narren. Was soll ich sonst tun?

Den Secretarius nenne ich Titularius, weil er den ganzen Tag lächerliche[1] Titel auf Briefe schreibt.

„Es gibt Unterschiede zwischen den Menschen", antwortet der Gouverneur, „oder weißt du nicht, was Adel ist?"

1. **lächerlich** : zum Lachen.

„Das ist etwas, was der Sohn vom Vater bekommt. Und der Vater ist von Adel, weil er oder sein Großvater viele Menschen getötet und viel Geld oder Land gestohlen [1] hat."

„Hoho! Das sagst du nur", sagt mein Herr jetzt, „weil du selbst nicht adelig werden kannst."

„Gott steh mir bei!" rufe ich aus. „Behalte deine Dignitäten! Du bist der Kommandant von Hanau. Du musst den Leuten Geld, Munition und Proviant [2] geben. Ohne Pause musst du auf dem Land requirieren und Tribute kassieren. Dankt dir jemand dafür? Wie haben die Karthager dem Hannibal gedankt?

Und deine Seele [3]? Du lässt andere rauben und morden, aber Gott sieht in dir den Mörder."

Die Gäste sehen sich an.

„Für ein Kalb sprichst du sehr gut", sagt endlich der Gouverneur, „für einen Narren zu gut."

„Wir Tiere sind eben nicht so dumm wie ihr meint, mein Herr. Müssen Esel in die Schule gehen? Jedes Schwein weiß, was es zu tun hat und was nicht. Ihr Menschen aber fresst und sauft euch krank und tot!"

„Närrisch ist er", sagt der Gouverneur, „denn er sagt ohne Angst die Wahrheit. Aber wie er sie sagt, das ..."

Der Pfarrer erklärt ihm, dass ich als Kind beim Einsiedler viel gelesen habe. „Er gibt alles wieder, was er gelesen hat."

Von dieser Zeit an lebe ich als Narr in Hanau. Ich lerne auch Musizieren. Bald spiele ich besser Laute [4] als mein Lehrer.

1. **gestohlen** (stehlen, stahl) : nehmen, was nicht meins ist.
2. **r Proviant** : s Essen.
3. **e Seele(n)** : r Körper kommt unter die Erde, die Seele lebt weiter.
4. **e Laute(n)** : so ähnlich wie eine Gitarre.

Zum Verständnis

1 Wie Simplicius stört – und man eine Stelle für ihn findet. Verbinde, was zusammen passt.

1. Beim Festessen	a. warnt Simplicius.
2. Beim Tanzen	b. erzählt Simplicius, was er nicht erzählen soll.
3. Im Stall	c. macht Simplicius in die Hose.
4. Vom Gouverneur befragt,	d. hat Simplicius unkontrollierbare Blähungen.
5. Der Pfarrer	e. hört und sieht Simplicius ein Paar.

2 Wie Simplicius zum Narren gemacht werden soll. Ergänze.

Phase 1: Er wird in den .... gebracht und muss ....

Phase 2: Drei alte Frauen kommen in sein Zimmer.

Phase 3: Zwei Mädchen .... kommen auch herein.

Phase 4: Er ist wieder im .... und trägt jetzt ein Kalbsfell und ....

Zusammenfassung: Phase 1 symbolisiert ...., Phase 2 .... und Phase 3 .... Am Schluss ist er wieder auf der Erde, als Kalb.

Wein trinken – Eselsohren – mit goldenen Haaren – r Keller – r Stall – e Hölle – r Himmel – s Fegefeuer (Purgatorium)

3 **Was der Narr den Leuten sagen darf. Beantworte die Fragen.**

Simplicius sagt etwas Kritisches gegen den Secretarius, gegen den Adel und über den Gouverneur.

Wie nennt er den Secretarius?

Wie definiert er den Adeligen?

Was stört ihn am Beruf des Gouverneurs?

4 **Der Narr darf es sagen, aber närrisch muss er sein. Ergänze.**

1. Der Gouverneur: Simplicius spricht zu .... für einen Narren. Aber er hat keine ...., so etwas zu sagen, also ist er ....
2. Der Pfarrer: Er spricht ...., aber was er sagt, hat er .... und .... es nicht.

gelesen – gut – e Angst – närrisch – versteht

Damit wir den Faden nicht verlieren

1 **Welches der Wörter von der Liste passt in welche Rubrik?**

Verdauung	soziales Leben	Krieg

r Darm – kämpfen – Frieden schließen – r/e Adelige – r Pfarrer – e Munition – r Proviant – r Titel – e Blähungen – s Gewehr – furzen – e Zerstörung – plündern – Winde fahren lassen –

2 Welches Verb passt in welcher Form?

a. Es gibt viel Bier. Sie .... wie die Schweine.
b. Wenn die Bombe explodiert, ... das Haus ....
c. Heute gibt es Fisch. Da stehen die Männer am Fluss und ....
d. Wenn die Soldaten kommen, müssen Frauen und Kinder ....
e. Den Touristen werden auf dem Domplatz die Portemonnaies ....
f. Heute .... wir die Volksbank in der Schildergasse ....
g. Wenn du das noch einmal sagst, ... wir dich.
h. Er kommt nachts ins Haus und .... den alten reichen Mann.

verprügeln einstürzen ausrauben ermorden saufen angeln fliehen stehlen

3 Was ist was?

Die folgenden Substantive kannst du jetzt mit Hilfe der bekannten Verben erklären und in den Text einsetzen, oder?

e Prügel – r Bankraub – r Kampf – r Diebstahl – e Flucht

1. Viele Frauen und Kinder sind auf der .... vor fremden Soldaten.
2. Er nimmt meinen Computer mit. „Das ist ....!" sage ich und rufe die Polizei.
3. Bei einem .... in der letzten Woche wurden 3 Millionen Euro erbeutet.
4. Als mein Vater klein war, gab es in der Schule noch ....
5. Beim .... zwischen einem Hund und einem Schwein siegt das Schwein.

Oh wäre *ich ein Narr ...*

Der Narr ist eine beliebte Figur. Noch heute liest man in deutschsprachigen Schulen die *Abenteuer von Till Eulenspiegel* (...), der Reiche, Snobs und Gelehrte zum Narren gehalten haben soll.
Aber Narren sind keine literarische Erfindung. An größeren Höfen reicher Adeliger gab es vom dreizehnten bis zum siebzehnten Jahrhundert oft einen oder mehrere Narren.
Anfangs stellt man gerne behinderte oder sehr kleine Menschen als Hofnarren ein. Aber bald bilden sich Experten, professionelle Spaßmacher aus. Sie spielen die Laute, singen, können jonglieren oder auf dem Kopf stehen. Bei Hofe können sie recht gut von ihrer Kunst leben.
Doch ist Hofnarr ein riskanter Beruf. Der Narr sagt die Wahrheit, auch wenn das verboten ist. Er darf das, man erwartet das von ihm, denn er ist ja verrückt. Seine Symbole sind die Narrenkappe (mit Schelle[1]) und der Spiegel, den er den anderen vorhält.
Aber wenn der Narr zu kritisch wird, muss er vielleicht mit dem Leben dafür bezahlen.
Man hat den Narren oft mit dem modernen Intellektuellen verglichen.
Der König von Frankreich soll keinen Hofnarr mehr eingestellt haben, seit er die Académie Française gegründet hat.
Das Szenarium ist allerdings komplizierter. Es gibt heute zwar keine

1. **e Schelle(n)** : kleine Klingel.

offiziellen Narren mehr (nur im Karneval), aber es gibt Komiker, Komödianten, Clowns. Wer sagt die Wahrheit (ohne zu übertreiben)?

1 Was meinst du?

1. Von den Propheten Jahves im Alten Testament bis zum literarischen oder mathematischen Genie ist der Gedanke verbreitet, nicht die „Normalen" könnten die Wahrheit sehen, sondern nur Leute, die (ein wenig) wahnsinnig sind. Ist das richtig? Warum (nicht)?
   Oder gibt es einfach zwei verschiedene Wahrheiten?
2. Heute ist das „ein bisschen verrückt sein" oft auch eine Pose. Macht das „Verrücktsein" die Leute attraktiv und interessant? Frauen oder Männer? Junge oder Alte?

2 Gewusst?

Im Deutschen gibt es ein Sprichwort: „Besoffene, Kinder und Irre[1] sagen die Wahrheit". Gibt es so etwas in deiner Sprache?

3 Recherche

1. Heinrich Bölls *Ansichten eines Clowns* spielt auf die Figur des Narren an, der nicht zur Welt der „Normalen" gehört und die Wahrheit sagt. Was geschieht mit diesem Narren?
2. Den Übergang des Narren zum Intellektuellen kann man recht gut in Diderots *Rameaus Neffe* sehen. Was ist für diesen Neffen charakteristisch? Er trägt keine Kappe, jongliert und singt nicht, und sieht sich doch als Narren. Warum? Was unterscheidet ihn vom Erzähler der unserer Geschichte?

1. **r Irre** : politisch unkorrekt für psychisch sehr Kranke.

Wie es mit der Hanauer Herrlichkeit vorbei ist und Simplicius einen Freund findet und wieder verliert

6

Wenn ich frei habe, spiele ich mit den anderen Kindern.
Eines Tages treffen wir vor der Stadt auf eine Gruppe von Reitern.

Sie packen mich und reiten mit mir davon.
Am späten Abend kommen wir in der Nähe von Fulda an.
Dort haben sie ihr Lager.

Zu essen gibt es nur schwarzes Brot und mageres Fleisch.
Hier lerne ich fouragieren. Was das ist?
Wir reiten über die Dörfer und stehlen, was wir finden.
Wenn die Bauern etwas sagen, zünden wir ihnen das Haus an [1] oder schlagen sie tot.

1. **etw. anzünden** : Feuer legen.

Als endlich der Frühling kommt, kann ich fliehen.

Ich verstecke mich im nächsten Wald.

Nachts schleiche[1] ich in Bauernhäuser und stehle, was ich brauche.

Einmal finde ich auch eine Tasche mit viel Geld. Ich verstecke es in meinen Eselsohren.

Als ich eines Nachts wieder in einem Bauernhaus etwas stehlen will, höre ich plötzlich etwas.

Schlafen die Leute noch nicht?

Ich gucke durch das Schlüsselloch in die Wohnstube.

Die Leute ziehen sich gerade an. Mitten in der Nacht?

Sie nehmen Stöcke, Besen oder Stühle in die Hand und setzen sich darauf.

Dann fliegen sie, einer nach dem anderen, zum Fenster hinaus.

„Gut“, denke ich, „dann stört mich keiner“, und gehe in die Wohnstube.

Was kann ich hier mitnehmen?

Ich setze mich auf eine Bank.

Da bewegt sich die Bank. Ich muss mich fest halten. Dann fliegt die Bank mit mir zum Fenster hinaus.

Wir fliegen durch die dunkle Nacht. Da sehe ich die anderen.

Sie halten sich an den Händen und tanzen. Es müssen mehr als zweihundert sein.

„Hexen!“ denke ich.

Ich stehe bei den Musikanten. Die haben Vipern an den Mund gesetzt. Andere spielen auf einem Tierskelett Harfe[2].

1. **schleichen** : langsam und leise gehen.
2. **e Harfe(n)** : Musikinstrument, spielt man mit den Händen.

Alle schreien, rufen und heulen laut durcheinander.

Ein Mann mit einer großen Kröte [1] unterm Arm kommt zu mir.

„Simplicius!" schreit er. „Mach doch auch Musik für uns!"

Woher kennt er meinen Namen? Was will er von mir?

„Gott steh mir bei!" rufe ich laut.

Dann wird es dunkel. Ich bin allein.

Ich falle zu Boden.

Am Morgen wecken mich einige Fouragierer. Es ist nicht weit von ihrem Magdeburger Lager.

Ihr Obrist will wissen, wo ich herkomme.

„Ich war in Fulda", sage ich, „dann bin ich mit den Hexen hierher geflogen."

Der Obrist will mich prügeln lassen, aber zum Glück erkennt mich einer seiner Leute.

„Das ist das Kalb von Hanau, der tickt nicht richtig [2]. Aber er spielt gut auf der Laute."

Man lässt eine Laute holen.

Den Leuten gefällt mein Spiel.

Ich erzähle einige Geschichten aus meinem Leben.

Die Leute lachen.

Der Obrist will mich als Narr und Lautenspieler bei sich behalten.

Ein Hofmeister [3] soll auf mich aufpassen.

Zum Glück ist das ein Mann nach meinem Herzen [4].

1. **e Kröte(n)** : wie ein Frosch, aber größer und hässlicher.
2. **nicht richtig ticken** : (umgangssprachlich) psychisch nicht normal sein.
3. **r Hofmeister** : r Hauslehrer, (hier) der Chef der Ställe.
4. **nach meinem Herzen** : wie er/sie mir gefällt.

KAPITEL 5

Seine Frau ist gestorben. Sein Sohn ist bei einem Regiment in der Nähe.

Er heißt Ulrich Herzbruder wie sein Vater.

Eines Tages sagt der Hofmeister zu mir: „Ich weiß, dass du nicht so dumm bist, wie du tust. Willst du dein Narrenkleid nicht endlich ausziehen?"

Endlich versteht mich jemand.

Er liest mir aus der Hand. „Simplicius", sagt er, „behalte dein Narrenkleid an. Ich sehe hier Gefängnis und Tod. Nur als Narr bist du sicher."

Bald stellt mir Herzbruder auch seinen Sohn Ulrich vor.

Er wird mein bester Freund.

Aber der Schreiber des Obristen, Olivier, intrigiert gegen den jungen Herzbruder.

Er hat Angst, der Obrist macht Ulrich zum Schreiber.

Täglich sehe ich Olivier mit einem Profosen[1] sprechen.

Was haben sie vor?

In dieser Zeit gibt der Obrist ein großes Fest und bittet auch den jungen Ulrich Herzbruder zu kommen.

Ulrich kommt gern.

Doch als das Fest zu Ende ist, fehlt ein goldener Becher.

Jemand hat ihn gestohlen.

Der Profos kommt.

Der Profos spricht leise einige Worte.

Da springen auf einmal kleine Hunde zwischen uns herum.

Dem einen springen sie aus der Hose, dem anderen aus der

1. **r Profos(e)** : Mann, der (oft mit magischen Mitteln) Recht spricht.

Jacke oder aus den Stiefeln. Das sieht alles sehr lustig aus.

Dem jungen Herzbruder springt ein Hündchen mit einem goldenen Halsband aus der Hose.

Dieses Hündchen frisst alle anderen Hündchen auf, eins nach dem anderen.

Dann wird es immer kleiner, und das Halsband immer größer.

Am Ende liegt der goldene Becher da.

Er liegt vor Ulrich.

„Lass dich hier nicht wieder sehen", sagt der Obrist zu ihm.

Sein alter Vater aber wird sehr krank.

„Es ist so weit", sagt er. „Am 26. Juli muss ich sterben."

Er bekommt vom Obristen die Erlaubnis, noch einmal mit seinem Sohn zu sprechen.

Der Vater glaubt so wenig wie ich, dass der junge Ulrich den Becher gestohlen hat.

„Das muss eine Intrige Oliviers gewesen sein", sagt der Alte. „Aber was willst du jetzt tun, mein Sohn? Bleibe nicht bei deinem Regiment."

„Vater, ich habe kein Geld. Ich brauche hundert Taler, sonst hat es keinen Sinn."

„Hundert Taler?" frage ich.

Ich ziehe meine Eselsohren vom Kopf und nehme das Geld heraus.

Ich lasse Ulrich selbst hundert Taler abzählen.

Vater und Sohn umarmen mich.

Ulrich reitet nach Hamburg und geht zu den Schwedischen.

Der 26. Juli nähert sich.

Alle sprechen jetzt über Herzbruders Prophezeiungen.

Als guter Physiognomist und Chiromant ist er schon bekannt.

Olivier kommt zu ihm. „Du wirst im Kampf fallen", sagt ihm Herzbruder. „Aber Simplicius wird deinen Mörder töten." Jetzt ist Olivier sehr freundlich zu mir.

Am 26. legt sich Herzbruder in sein Zelt und betet.

Am Nachmittag kommt ein Leutnant in unser Lager.

Den Hofmeister will er sprechen.

„Der Hofmeister ist nicht da", sage ich.

„Lass mich selbst sehen!" Er macht das Zelt auf.

„Aha! Entschuldigt die Störung", sagt er zu Herzbruder. „Aber Ihr müsst mir aus der Hand lesen. Es ist wichtig!"

„Heute kann ich leider nicht. Kommt bitte morgen wieder," erwidert Herzbruder.

„Nur ein Wort! Wie lange habe ich noch zu leben?"

„Nun", sagt Herzbruder. „Ihr werdet in einer Stunde aufgehängt [1]."

„Du alter Trottel [2]!" schreit der Leutnant und schießt meinen alten Herzbruder tot.

Der Kommandeur unseres Regiments ist in der Nähe.

„Der Leutnant hat einen alten kranken Mann im Bett erschossen? Hängt ihn auf!"

Zehn Minuten später hängt der Leutnant an einem Baum.

1. **aufhängen** : an einen Baum oder eine Laterne hängen, töten.
2. **r Trottel(=)** : r Idiot.

Zum Verständnis

1 Was ist richtig?

1. Der junge Simplicius bleibt nicht in Hanau, denn
   - a. ☐ fremde Soldaten nehmen ihn mit.
   - b. ☐ er will nicht Hofnarr bleiben.
   - c. ☐ er spielt mit den anderen Kindern.

2. Fouragieren heißt
   - a. ☐ sehr viel essen.
   - b. ☐ sich die Zeit vertreiben, so gut es geht.
   - c. ☐ plündern, Feuer legen, töten.

3. Er schleicht in Bauernhäuser. In einem Bauernhaus ...
   - a. ☐ gibt es gerade ein großes Fest.
   - b. ☐ stehen die Leute auf, um zur Arbeit zu gehen.
   - c. ☐ stehen die Leute gerade auf und fliegen aus dem Fenster.

4. Simplicius kommt zu einem nächtlichen Fest.
   - a. ☐ Es ist die Nacht zum Muttertag.
   - b. ☐ Hunderte von Hexen tanzen zu schrecklicher Musik.
   - c. ☐ Simplicius macht die Musik dazu.

5. Sein neuer Herr will,
   - a. ☐ dass Simplicius endlich ein richtiger Soldat wird.
   - b. ☐ dass Simplicius auf der Laute spielt und Spaß macht.
   - c. ☐ dass Simplicius dem alten kranken Herzbruder hilft.

6. Der Sohn Herzbruders muss das Lager verlassen.
   - a. ☐ Er hat nämlich während eines Fests einen goldenen Becher des Kommandanten gestohlen.
   - b. ☐ Er ist nämlich bei einem magischen Ritus dabei, den der Profos veranstaltet.
   - c. ☐ Bei einer magischen Prozedur des Profos sieht es so aus, als hätte Ulrich den Pokal gestohlen.

7. Der alte Herzbruder ...
   a. ☐ sieht seinen eigenen Tod und den eines Leutnants voraus.
   b. ☐ stirbt nach langer schwerer Krankheit eines natürlichen Todes.
   c. ☐ wird wegen des goldenen Pokals aufgehängt.

2 Magie und Zauberei

In diesem Kapitel gibt es eine Reihe von Episoden, die mit Hexerei, Magie und Zauberei zu tun haben. Ergänze mit Hilfe der Verben von der Liste.

1. In der Nacht sieht Simplicius ....
2. Als er Gott nennt, ...
3. Auch der Profos .... und viele kleine Hunde springen aus Jacken und Hosen heraus.
4. Der alte Ulrich Herzbruder ....

zaubern – tanzen – vorhersagen – verschwinden

Wortschatz

1 Bedeutungsgleichheit und Bedeutungsunterschiede

1. „Der ist nicht normal." Wie kann man diesen Satz noch sagen? Welche Unterschiede gibt es zwischen den Sätzen gleicher Bedeutung? Welcher Satz ist umgangssprachlich-negativ? Kennst du eine politisch korrekte Variante?
   a. Der ist verrückt.
   b. Der ist närrisch.
   c. Der tickt nicht richtig.
   d. Der spinnt.
   e. Der ist ein Narr.

2. Das Resultat ist dasselbe: Meine Sachen sind nicht mehr da. Aber es gibt doch Bedeutungsunterschiede zwischen den Verben *stehlen*, *rauben* und *plündern*. Welche?
3. Das Resultat: jemand ist tot. Was sind die Unterschiede zwischen: *jdn. erschießen, aufhängen, verbrennen*?

2 Vorhersehen – voraussehen

Die Wettervorhersage kennst du aus dem Fernsehen. Bevor du für den nächsten Sonntag eine Bootsfahrt auf dem Meer planst, siehst du dir sicher die Wettervorhersage an, oder? Welche ist die beste? Was kann man (noch) voraussehen, was nicht?

a. ☐ die Aktienkurse und die wirtschaftliche Konjunktur
b. ☐ wie deine Freundinnen und Freunde in zwanzig Jahren sein werden
c. ☐ ob es am Sonntag Verkehrsprobleme gibt
d. ☐ ob du und mit wem du und über was du heute noch streitest
e. ☐ ob du in den nächsten Tagen krank wirst

Die Verbalform für Vorhersagen sind Präsens und Futur. Wenn die Zeit unklar bleibt, nimmt man das Futur. Die Konstruktion kennst du sicher:

Futur I: Verb+ finite Form von *werden*

Futur II: Hilfsverb+ Infinitiv + finite Form von *werden*

Beispiele:
In hundert Jahren werde ich nicht mehr leben. (Futur I)
In zwanzig Jahren wirst du hunderttausend Euro gespart haben. (Futur II)

3 Wähle einen deiner Freunde/Freundinnen oder Mitschüler/innen aus und konzentriere dich. Kannst du die Zukunft sehen? Sagen wir: was in fünfzehn Jahren sein wird? Natürlich! Dann schreib ein paar Sätze: wie wird er/sie aussehen, wie wird er /sie leben, welche Reisen wird er/sie gemacht haben ....

Hexen
(und Hexer)

Wo die Hexe ist, da wird aus Gut Böse, da wird der Kranke gesund und der Gesunde krank, da wird Hass zu Liebe und die Liebe verfliegt, da wird die Hässliche schön und der Schöne hässlich … und wenn die Hexe genug hat, setzt sie sich auf ihren Besen, auf eine Bank oder einen Stuhl und fliegt davon. Wo fliegt sie hin? Auf einen Berg, wo sie schwarze Messen feiert und Satan anbetet.

Haben die Leute das alles wirklich geglaubt? Es sieht so aus: Tatsächlich hatten die Menschen in ganz Europa vor Hexen Angst, haben Frauen denunziert, ihre Folterung gewollt und haben zugesehen, wenn eine von ihnen verbrannt wurde. Es könnte also sein, dass die Leser Simplicius' Erzählung geglaubt haben. Und der Autor? Er hat hier (wie oft) ein Element aus Erzählungen anderer Leute eingebaut, so wie Informationen über den Kriegsverlauf oder über das Leben in Paris. Und der Flug zum Hexensabbat ist ja nicht die einzige übernatürliche Episode im Buch. Der alte Herzbruder

liest aus der Hand, der Profos zaubert Hunde hervor. Offenbar hatte der Autor keine Angst, wegen dieser Episoden für einen Phantasten gehalten zu werden. Exorzisten, Chiromanten und Praktikanten weißer und schwarzer Magie gibt es ja auch heute, und viele verdienen viel Geld mit solchen Diensten. Nur das Interesse an Hexen (und Hexern – zirka ein Viertel der Prozessierten waren Männer!) scheint heute nicht sehr groß zu sein.

In Europa scheint der Hexenglauben bis ins achtzehnte Jahrhundert verbreitet zu sein. Er verschwindet also erst mit der Aufklärung (um 1792 werden die letzten Hexen verbrannt – in der Schweiz und in Polen). Die Hexenverbrennung gibt es nicht nur in katholischen Ländern, sondern auch bei Lutheranern (siehe unten) und Calvinisten.

TRACTAT
Von Bekanntnuß der Zauberer vnd Hexen. Ob vnd wie viel denselben zu glauben.
Anfängklich durch den Hochwürdigen Herrn Petrum Binsfeldium, Trierischen Suffraganien/ vnd der H. Schrifft Doctorn/ kurtz vnd summatischer Weiß in Latein beschrieben.
Jetzt aber der Warheit zu stewr in vnser Teutsche Sprach vertiert/ durch den Wolgelerten M. Bernhart Vogel/ deß löblichen Stattgerichts in München/ Assessorn.
Monastery EXOD. XXII. CAP. Carthusiani.
Die Zauberer solt du nicht leben lassen.
Gedruckt zu München bey Adam Berg.
ANNO DOMINI M. D. XCI.
Mit Röm: Kay: May: Freyheit/ nit nachzudrucken.

Die Anfänge der Hexenverfolgung liegen im dreizehnten Jahrhundert. Hexen und Hexenverfolgung sind also kein typisch mittelalterliches Thema, wie man oft glaubt, sondern gehören in den Übergang zur Neuzeit (wie auch die Hofnarren). Der Hexenglauben hat also vermutlich wenig mit einem stabilen religiösen Weltbild zu tun, sondern eher mit einer Krise des Weltbildes.

1 Diskussion und Recherche

1. Bei der Hexenverfolgung wurden auch viele Männer getötet, aber 75% der Opfer waren Frauen. Deshalb haben viele in den letzten Jahren die Hexenverfolgung als Kampf der patriarchalischen Gesellschaft gegen die Frauen oder auch der frauenfeindlichen Kirchen gegen die Frauen interpretiert, die Hexen zu rehabilitieren versucht und auch zu Leitfiguren für feministisch orientierte Frauen erklärt. Was könnte am Bild der Hexe für moderne Frauen positiv sein? Könnten moderne Männer auch aus dem Bild des Hexers etwas machen?
2. Katholiken und Lutheraner haben Frauen gefoltert und verbrannt. Wie stehen die beiden in Deutschland dominierenden Konfessionen heute zu dem Thema? Sollten sie etwas tun oder erklären?
   Martin Luther in einer Predigt von 1526:
   „Die Zauberinnen sollst du nicht leben lassen ... Es ist ein gerechtes Gesetz, dass sie getötet werden. Schaust du solche Weiber an, wirst du sehen, dass sie ein teuflisches Gesicht haben. Ich habe deren etliche [viele] gesehen ... man töte sie nur."
   Papst Innozenz VIII. erlässt 1484 die *Hexenbulle*. Er bittet Heinrich Institoris und Jakob Sprenger, ihren *Hexenhammer* zu veröffentlichen, *Malleus Maleficarum*, ein Handbuch für Hexenprozesse. (Basis soll ein Text vom Großinquisitor von Aragon von 1376 sein).

KAPITEL 6

Wie Simplicius in Frauenkleider hinein und wieder hinaus und ins Paradies kommt

Ohne Herzbruder gefällt es mir im Lager nicht mehr. Ich will weg.

Beim Fouragieren darf ich jetzt mitreiten.

Einmal kommen wir in ein großes Dorf.

Soldaten aus verschiedenen Regimentern ziehen von Haus zu Haus.

Ich suche etwas zum Anziehen. In einem Haus finde ich ein Kleid für Frauen. Besser als nichts.

Schnell lege ich das Kalbsfell ab. Die Eselsohren mit dem Geld binde ich mir um den Arm.

Dann ziehe ich das Kleid an und gehe auf die Straße.

Auf der anderen Seite der Straße geht eine Gruppe von Offiziersfrauen.

Schon rufen Soldaten hinter mir: „Wo willst du hin, Süße?“

Ich laufe so schnell ich kann und werfe mich vor den Frauen

auf die Knie.

„Steht einer armen Jungfrau [1] bei!"

Es klappt [2]. Eine Hauptmannsfrau nimmt mich als Magd zu sich.

Sie ist nett.

Bald gibt sie mir zu verstehen, dass sie mehr von mir will.

Ich stelle mich dumm. Ich bin doch ein junges unschuldiges [3] Mädchen!

Aber ... auch ihrem Mann und seinem Diener gefalle ich sehr.

Eines Nachts weckt mich ein Weinen:

„Ich liebe dich doch ... ich bitte dich ... sei nicht so ..."

Ich sehe nach draußen.

Da kniet der Knecht auf dem Boden.

„Tut mir Leid, Hans", antworte ich trocken, „ich bin ein unschuldiges Mädchen und will es bis zur Hochzeit bleiben."

„Dann heirate mich!" antwortet er.

„Das geht leider auch nicht. Ich kann dir das im Moment nicht erklären."

„Dann töte ich mich!" sagt er.

„Hans! Mach keine Dummheiten", bitte ich ihn. „Morgen früh gebe ich dir die Antwort."

„Also bis morgen!" antwortet er und geht endlich weg.

Doch bald geht es wieder los.

1. **e Jungfrau(en)** : hat noch nicht mit Männer geschlafen.
2. **klappen** : funktionieren.
3. **unschuldig** : kennt keine Sünde.

„Geliebte! Nun steh auf und komm zu mir. Du hast es mir versprochen [1]."

„Was willst du schon wieder?" rufe ich. „Eine Antwort sollst du bekommen, sonst nichts!"

„Schon gut!" antwortet Hans. „Aber steh jetzt auf."

Hans spricht laut und der Hauptmann wacht auf.

Er sieht mich aus dem Wagen steigen und mit Hans sprechen. Hans küsst mich auch.

„Komm her, du Sau!" schreit der Hauptmann.

Hans läuft weg.

Der Hauptmann kommt zu mir.

„Du Schlampe [2]! Warte, jetzt bekommst du, was du verdienst!"

Er bringt mich zu den Stallknechten.

„Die ist für euch!" ruft er und geht weg.

Sofort packt mich einer von ihnen und schleppt [3] mich in ein Gebüsch [4].

Die anderen kommen mit.

Aber da kommt auch Hans.

„Das ist meine Braut [5]!" schreit er. „Lasst sie in Ruhe, ihr Schweine!"

Es gibt eine große Schlägerei.

Am Ende stehe ich ohne Kleid da.

Die Männer sind sprachlos.

1. **versprechen** : sagen, dass man etwas Gutes tun will.
2. **e Schlampe(n)** : (vulgär) unmoralische Frau.
3. **schleppen** : ziehen.
4. **s Gebüsch(e)** : Busch oder Büsche.
5. **e Braut("e)** : Frau, die jdn. heiratet.

Da kommt ein Offizier und schreit: „Ein verkleideter Mann im Lager! Packt ihn!"

Sie legen mich in Ketten.

Am nächsten Tag kommt der General-Auditor und befragt mich.

„Hast du eine Schule besucht? Kannst du lesen und schreiben?" fragt er mich.

„Eine Schule habe ich nicht besucht. Aber lesen und schreiben kann ich."

„Warum hast du dich wie ein Narr angezogen, obwohl du nicht närrisch bist?"

„Ein anderes Gewand hatte ich nicht", antworte ich ihm.

„Und warum hast du dich dann als Frau verkleidet?"

„Als Narr wollte ich nicht mehr gehen ..." sage ich.

Der Auditor ist skeptisch. Er lässt mich durchsuchen.

Am Arm trage ich noch die mit Geld gefüllten Eselsohren. Die Soldaten finden sie sofort.

„Aha!" ruft der Auditor. „Das ist es! Er ist ein Spion. Hier ist das Geld, das er bekommen hat! Morgen foltern [1] wir ihn. Mal sehen, was er noch zu sagen hat. Und nach dem Foltern — ins Feuer mit ihm!"

Doch am selben Tag greifen die Schweden an.

Die Schlacht ist furchtbar.

Auch uns Gefangenen fliegen die Kugeln [2] um die Ohren und von allen Seiten hören wir das Geschrei der verletzten Soldaten.

1. **foltern** : jdm. intentional weh tun (e Tortur).
2. **e Kugel(n)** : sehr kleiner Ball, kommt aus der Pistole.

Nach der Schlacht ist die Erde von Toten bedeckt.

Manche haben keinen Kopf mehr, andere liegen ohne Beine da oder ohne Arme.

Manchmal bewegen sich die Finger an den Händen noch.

Plötzlich kommt ein Reiter auf uns zu.

Es ist der junge Herzbruder.

Er sieht mich, nimmt mir sofort die Kette ab und setzt mich auf ein Pferd.

Bald bin ich in Sicherheit.

Er selbst aber reitet zurück dahin, wo die Schlacht weiter geht.

Er kommt nicht wieder.

Ich ziehe jetzt mit den Schwedischen weiter.

Ich bin voller Läuse [1] und jeden Tag werden es mehr. Gegen diese Armada bin ich hilflos.

Als wir in Westfalen Quartier nehmen, setze ich mich unter einen Baum und ziehe mich aus.

Das Massaker kann beginnen. Laus für Laus soll jetzt sterben.

Plötzlich stehen kaiserliche Soldaten um mich herum. „Steh auf und komm mit!“

Während ich mit meinen Läusen zu tun hatte, haben kaiserliche Soldaten die Schweden angegriffen und viele Gefangene gemacht.

Ich komme als Knecht zu einem Dragoner.

Zum Glück ist die Wirtin des Dragoners eine praktische Frau.

1. **e Laus("e)** : kleiner Parasit, lebt in den Haaren.

Sie steckt meine Kleider in den Backofen und mich in die Badewanne.

Endlich frei! Ich bin glücklich.

Etwas weniger Glück habe ich mit meinem neuen Herrn.

Er ist geizig [1]. Sein Pferd kann vor Hunger kaum laufen. Tagein tagaus essen wir trockenes Schwarzbrot.

Er ist ehrlich. Er lebt nur von seinem Offiziers-Sold. Er stiehlt nicht und plündert nicht.

Er säuft nicht und spielt nicht.

Sein Hauptmann weiß das und schickt ihn (und mich) als Wache ins Paradies. Das ist ein Frauenkloster [2].

Tatsächlich werden wir bei den Nonnen [3] bald dick und rund.

Wir bekommen Schinken und Knackwurst und Bier, so viel wir wollen.

Im Kloster wohnt ein zweiter Soldat, bei dem ich Fechten [4] lerne.

Als der Winter zu Ende ist, sollen wir zurück in die Garnisonsstadt Soest.

Mein Herr ist so traurig, dass er krank wird. Er macht es kurz.

Nach drei Wochen ist er tot.

1. **geizig** : jd. der kein Geld ausgeben möchte.
2. **s Frauenkloster(=)** : hier wohnen Frauen, die nur für Gott da sein wollen.
3. **e Nonne(n)** : die Frauen im Kloster.
4. **fechten** : mit Florett oder Säbel kämpfen.

Zum Verständnis

1 Der Mann in Frauenkleidern: Komplikationen. Verbinde.

1. Simplicius zieht Frauenkleider an, denn er ...
2. Die junge Frau des Hauptmanns ...
3. Der Hauptmann selbst ...
4. Der Knecht des Hauptmanns ...
5. Eines Nachts bittet der Knecht Simplicius ...
6. Der Hauptmann hört die beiden zusammen und ...
7. Die Männer fallen über Simplicius her und ...

a. ☐ interessiert sich für die junge Dame.
b. ☐ findet nichts Besseres.
c. ☐ seine Frau zu werden.
d. ☐ das Kleid geht in Stücke.
e. ☐ will die junge Frau den Stallknechten überlassen.

2 In diesem Kapitel geht es recht brutal zu. Ergänze.

1. Die Stallknechte halten Simplicius für .... und wollen sie ....
2. Hans will Simplicius .... und es gibt ....
3. Der Auditor hält Simplicius für .... und will ihn ....
4. Es kommt zur Schlacht mit .... und es gibt ....

heiraten – vergewaltigen – foltern und verbrennen lassen – den Schweden – eine junge Frau – viele Tote – eine Schlägerei – einen Spion

3 **Simplicius bekommt einen neuen Herrn. Was ist richtig.**

	R	F
1. Simplicius hat viel Spaß mit den kleinen Tieren auf seinem Körper.	☐	☐
2. Simplicius wird von Kaiserlichen Soldaten gefangen genommen.	☐	☐
3. Eine Frau hilft Simplicius, die Läuse zu töten.	☐	☐
4. Simplicius' neuer Herr ist sehr sparsam.	☐	☐
5. Simplicius und sein Herr haben das Soldatenleber satt und gehen ins Kloster.	☐	☐
6. Im Kloster lernen sie das asketische Leben des Mönchs kennen.	☐	☐

Diskussion und Recherche

1 **Männer in Frauenkleidern**

Männer, die als Frauen, und Frauen, die als Männer verkleidet sind – das ist ein beliebtes Thema in der Literatur (Beispiele?) und im Film (Beispiele?). Noch heute scheinen viele diese Art der äußeren Verwandlung interessant zu finden und sie wird in Fernseh-Shows und im Varieté eingesetzt. Warum könnte das so sein? Liegt das an der Verfremdung dessen, was für Männer oder für Frauen typisch ist? Oder ist der Gedanke, einmal zum anderen Geschlecht gehören zu können, faszinierend oder komisch oder beides?

Wenn du dich selbst als Mann/ als Frau verkleiden würdest, was würdest du anziehen, was würdest du tun?

Damit wir den Faden nicht verlieren

1 Im folgenden Text fehlen einige Wörter. Ergänze.

[1]................ Simplicius zwei Jahre bei dem Einsiedler und [2]................ noch eine Zeit lang allein im Wald gelebt hatte, [3]................ er nach Hanau gewandert. Dort hat er [4]................ Narr gearbeitet. Fremde Soldaten haben ihn gefangen und nach Fulda gebracht. [5]................ ist er mit Hexen zu einer Party geflogen und dann wieder Narr [6]................ einem Regiment geworden. Ein Kleid, [7]................ er in einem verlassenen Haus gefunden hat, zieht er an und arbeitet [8]................ Magd für eine Hauptmannsfrau. [9]................ er niemandem Avancen macht, sind Herrin, Herr und Knecht [10]................ Simplicius verliebt.

a ist **b** in **c** nachdem **d** als **e** als **f** dann
g Später **h** obwohl **i** bei **j** das

Wortschatz

1 Welches Adjektiv von der Liste passt zu welcher Kurzdefinition? Eins passt zweimal!

a. Wer gar kein Geld ausgeben will, ist ...
b. Wer nichts Böses getan hat, ist ...
c. Wer nicht nervös ist und nicht viel spricht, ist ...
d. Wer nicht heute so und morgen so ist, ist ...
e. Wer Probleme mit Parasiten auf seinem Körper hat, ist ...
f. Wer noch mit keinem Mann/ keiner Frau geschlafen hat, ist noch ...
g. Wer nicht sensibel ist oder etwas aggressiv, ist ...
h. Wer nicht viel Geld ausgeben will, ist ...

unschuldig – geizig – beständig – verlaust –
grob – ruhig – satt – sparsam

KAPITEL 7

Der Jäger von Soest wird gefangen, freigelassen und verliert die Freiheit gleich wieder

8

Nach dem Tode meines Herrn darf ich das Pferd und die Rüstung behalten.

Mein Herr hatte sein gespartes Geld in die Hose genäht [1]. Auch das gehört jetzt mir.

Ich kaufe mir ein gutes Pferd und ein neues Gewehr dafür und lasse mich neu einkleiden.

Ganz in Grün. „Wie ein Jäger“, denke ich.

Die anderen Soldaten sehen das alles nicht gern. „Gestern noch Stallknecht, und heute reitet er hier wie ein Adliger durch die Stadt!“ sagen sie.

Anfangs gibt es auch oft Streit. Aber ich fechte besser als sie und bald sagt niemand mehr etwas.

1. **nähen** : Stoffstücke verbinden.

Täglich bin ich mit den anderen Soldaten vor den Toren. Ich bin gut zu Pferd und bin bei jedem Angriff in vorderster Linie zu finden.

Die Schwedischen haben drei Garnisonen in der Nähe. Denen mache ich das Leben schwer.

Ich bringe oft Beute [1] mit nach Hause.

Zu den Gefangenen bin ich freundlich.

Ich teile mit den Offizieren, aber mein Geldbeutel wird immer dicker.

So werde ich nicht nur reich, sondern auch in der Stadt und auf dem Land als guter Mensch bekannt. Auch stehle ich niemals bei armen Leuten.

Ich habe sehr viel Glück, denn trotz meiner vielen Raubzüge fängt mich niemand.

„Er kann unsichtbar [2] werden", erzählen die Leute über mich.

In Wirklichkeit arbeite ich mit Tricks: Mensch und Tier lasse ich manchmal Schuhe tragen, die den Absatz [3] vorne haben.

Wenn jemand unsere Spur [4] findet, reitet er in die falsche Richtung weiter.

So werde ich zur Legende: den Jäger von Soest nennt man mich jetzt.

Wenn ich auf meinem schönen Pferd in meinem eleganten, grünen Mantel durch die Stadt reite, bleiben die Leute stehen. „Der Jäger", sagen sie respektvoll, „das ist ein Soldat!"

Auch meine Lebensführung wird anders: ich saufe und fresse

1. **e Beute(n)** : das, was der Soldat nach dem Kampf stehlen kann.
2. **unsichtbar** : was man nicht sehen kann.
3. **r Absatz("e)** : hinteres unteres Stück vom Schuh.
4. **e Spur(en)** : das, was man auf der Erde sieht, wo jd. gegangen ist.

wie ein Tier. Die Offiziere sind immer dabei.

Die meiste Zeit reite ich über Land und sehe mir alles an.

Als Soldat ist es wichtig, jedes Detail zu kennen.

Eines Tages sehe ich die Ruinen einer alten Burg in der Nähe der Stadt.

Ich reite hinein.

Aber mein Pferd will nicht so, wie ich will.

Es bleibt plötzlich stehen und geht nicht weiter.

Das Pferd starrt [1] immer in dieselbe Ecke. Was gibt es denn da? Ich sehe nichts.

Ich steige vom Pferd ab und will in die Ecke gehen. Aber ich kann nicht! Mir wird kalt. Etwas zieht mich an den Haaren.

„Schnell weg hier", sage ich mir. Aber ich kann auch nicht mehr zurück gehen.

Ich muss Hilfe rufen. Ich nehme meine Pistolen und schieße zwei Mal. Ich schieße in die unheimliche [2] Ecke. Es gibt zwei Löcher in der Mauer.

Die Angst ist weg. Auch mein Pferd bewegt sich wieder.

Jetzt kann ich nachsehen.

Hinter der Mauer liegt eine große Menge an Gold und Silber, an Diamanten und Rubinen.

Ich stecke alles in meine Taschen und reite wieder nach Hause.

Geld hilft gegen Melancholie, gegen Alleinsein und gegen Krankheit.

1. **starren** : etwas fixieren.
2. **unheimlich** : was Angst macht.

Wer Geld hat, dem macht nichts mehr Angst, selbst das Alter nicht.

Was er auch braucht, er kauft es sich.

Aber Geld ändert auch den, der es hat.

Ich gebe weniger aus, lade niemanden mehr ein.

Ich überlege immer wieder, was ich mit meinem Geld machen soll.

Soll ich mir eigene Soldaten halten? „Nein", sage ich mir, „vielleicht ist der Krieg bald zu Ende."

Soll ich mir ein großes Haus kaufen und eine junge Frau heiraten? „Dazu bin ich noch zu jung."

„Pass auf", sagt da ein Freund zu mir. „Die Offiziere ärgern sich darüber, dass du, ein junger Soldat, so viel Geld hast. Du hast wenig Freunde in der Garnison."

Als ich eines Tages eine Gruppe von Kaufleuten nach Köln begleiten muss, nehme ich meine Schätze mit und deponiere sie bei einem reichen Kaufmann.

Auf dem Rückweg nach Soest nimmt uns eine Truppe schwedischer Soldaten gefangen und bringt uns nach Lippstadt.

Ich werde zum Kommandanten geführt.

„Du bist also der Jäger von Soest?" begrüßt er mich. „Hast du nicht schon einmal auf schwedischer Seite gedient?"

„Ja", sage ich, „aber nur als Stallknecht."

„Du wirst verstehen", erwidert der Kommandant, „dass ich dich nicht nach Soest zurück lassen kann. Du kannst für uns auf Schwedischer Seite kämpfen oder bei uns im Gefängnis

1. **schwören** : garantieren, dass man die Wahrheit sagt (Hand auf der Bibel oder auf dem Herzen).

verhungern. Was gefällt dir besser?"

„Nun", sage ich, „und wenn ich Euch schwöre [1], dass ich sechs Monate lang nichts gegen die Schwedischen Truppen tun werde, so wie ich auch nicht gegen mein Kaiserliches Regiment kämpfen werde?"

„Nichts tun? Das ist auch eine Lösung", lacht der Kommandant.

Am selben Tag noch werde ich freigelassen.

Vor der Gefängnistür steht mein Knecht aus Soest mit meinen beiden Pferden. Einen Sack Geld hat er auch dabei.

„Man hat mir gesagt, Ihr bleibt in Lippstadt, Herr", sagt er, „da wollte ich nicht in Soest bleiben."

Für die kommenden sechs Monate brauche ich mir keine Sorgen zu machen.

Endlich habe ich Zeit. Ich nehme mir einen Fecht- und einen Musiklehrer. Ich kaufe mir auch Bücher.

Doch lese ich nur Heldenromane und Liebesgeschichten.

Was lerne ich dort? Liebesbriefe schreiben und Verse machen.

Das gefällt den jungen Damen. Ich bin jung und stark, ich spiele gut Laute, ich kann auch singen. Viele Mädchen gefallen mir: Das eine hat blonde Haare, das zweite hat schwarze Augen, das dritte ist sehr lieb. Sechs Mädchen sind in mich verliebt und ich in sie. Mit vielen Komplimenten und Liebesschwüren [1] bekomme ich am Ende meistens, was ich will. Nur eine ...

Sie wohnt im Haus gegenüber. Ihr Vater ist Obristleutnant.

1. **Liebesschwur("e)** : sagen, dass man jd. immer lieben wird.

Sie ist sehr schön und vornehm [1].

Aber wie kann ich sie kennen lernen? Der Vater ist ein hoher Offizier, ich bin nur ein Soldat.

Eines Abends kommt mir das Glück zur Hilfe.

Bei einem abendlichen Fest fehlt der Lautenspieler.

Der Vater lädt mich ein.

Von diesem Abend an besuche ich die Familie täglich.

Die Tochter soll auf der Laute spielen lernen. Als ihr Lehrer darf ich auch allein zu ihr.

Immer wieder singe ich Liebeslieder für sie.

„Meine Tage sind so schön, seit ich sie mit Euch verbringen darf", sage ich ihr. „Aber nachts bin ich so allein. Können wir nicht auch nachts zusammen sein?"

Sie liebt mich auch, glaube ich. Aber von nächtlichen Treffen will sie nichts wissen.

Nach Monaten darf ich sie endlich küssen, dann gehen wir schon ein bisschen weiter — und am Ende sagt sie ja.

In der Nacht lässt sie ihr Fenster offen stehen und ich steige ins Zimmer.

Ich lege mich zu ihr ins Bett und will sie küssen.

„Das gibt es nicht", sagt sie energisch. „Du darfst auf meinem Bett liegen. Mehr nicht."

Nach längerer Diskussion schlafen wir ein.

Doch ich schlafe nicht lange.

„Bube!" schreit da jemand.

Es ist ihr Vater. Er hat eine Pistole in der Hand.

„Es ist nicht so, wie Ihr denkt", sage ich schnell.

Der Vater antwortet mir nicht, sondern ruft den Knecht.

1. **vornehm** : nach adligem Modell.

KAPITEL 7

„Hol den Pfarrer, schnell!" sagt er nur und bleibt, die Pistole in der Hand, neben dem Bett stehen.

„Du Bestie!" sagt er jetzt. „Mein Gast bist du gewesen und jetzt finde ich dich hier! Soll ich euch den Hals brechen, dir und deiner Hure?"

„Aber..." Ich will ihm alles erklären.

„Halts Maul, du Tier!" ist seine Antwort.

Der Pfarrer begreift sofort.

„Beruhigt Euch doch!" sagt er zum Vater. „Das ist nicht das erste junge Paar. Das ist schnell repariert."

Soll ich heiraten? Ich bin doch noch so jung! Aber besser heiraten als sterben, und das Mädchen ist auch nicht schlecht, denke ich.

Wir halten uns an den Händen.

Der Pfarrer erklärt uns für Mann und Frau.

„Aus den Augen! Und lasst euch nicht wieder hier sehen!" schreit der Vater.

Am nächsten Tag sieht alles anders aus.

Da wird doch gefeiert.

Noch während des Festessens nimmt mich mein Schwiegervater[1] zur Seite: „Mein lieber Simplicius, wie willst du das Geld für deine kleine Familie verdienen? Was willst du jetzt tun? Willst du Soldat bleiben? Das ist in dieser Zeit vielleicht das Beste. Aber ein Haus ..."

„Adieu Freiheit", denke ich – und erzähle meinem Schwiegervater von dem Geld, das ich in Köln deponiert habe.

Am nächsten Tag reite ich los.

1. **r Schwiegervater(")** : Vater der Ehefrau.

Zum Verständnis

1 **Der Jäger von Soest. Der einfache Soldat Simplicius wird zur Legende. Welche Elemente spielen dabei mit? Welche dieser Elemente sind besonders wichtig? Schreibe vier oder fünf Sätze.**

Beispiel: *Er trägt immer grüne Kleidung und sieht daher aus wie ein Jäger. Die Leute erkennen ihn auf der Straße.*

er ist noch jung – er ist ein Narr gewesen – ~~er trägt immer grüne Kleidung~~ – er kauft sich ein Haus – er macht viel Beute und gibt anderen etwas ab – er isst und trinkt gern und viel – er bringt sein Geld nach Köln – er arbeitet mit Tricks – er kämpft auch für die Schweden – er reitet gut – er findet einen Schatz und wird sehr reich – arme Leute beraubt er nicht

2 **Die Schweden lassen ihn nicht laufen. Was ist richtig?**

		R	F
1.	Der Kommandant der Schweden weiß, dass Simplicius schon einmal zur Schwedischen Armee gehörte.	☐	☐
2.	Der Kommandant will Simplicius ins Gefängnis werfen lassen.	☐	☐
3.	Simplicius findet es in Ordnung, jetzt für die Schweden zu kämpfen.	☐	☐
4.	Der Kommandant der Schweden akzeptiert Simplicius' Vorschlag, sechs Monate nichts zu tun.	☐	☐

3 **Simplicius macht Jagd auf junge Frauen und wird selbst gefangen. Beantworte die Fragen.**

1. Mit welchen Mitteln erobert Simplicius so viele junge Damen?
2. Woher hat er diese Mittel?
3. Was ist mit der siebten jungen Dame?
4. Wie reagiert der Vater der jungen Dame, nachdem er sie mit Simplicius im Bett angetroffen hat?

4 **Simplicius' Zukunft. Verbinde, was zusammen passt.**

1. Frisch verheiratet, muss sich Simplicius sagen:
2. „In dieser Zeit", empfiehlt ihm sein Schwiegervater:
3. Aber was sagt der Schwiegervater noch?
4. Simplicius informiert den Schwiegervater:

a. „In Köln habe ich viel Geld deponiert."
b. „Jetzt bin ich nicht mehr frei!"
c. „solltest du erst einmal Soldat bleiben."
d. „Deine Frau braucht ein Haus."

Damit wir den Faden nicht verlieren

1 **Hier fehlen wieder einige Wörter. Ergänze mit Hilfe der Liste.**

wird – um – nach – bevor – während – obwohl –
wo – deshalb – weil – sich

1 .... dem Tod seines Herrn darf Simplicius Pferd, Kleidung und Geld behalten und wird selbst Soldat. 2 .... seines Soldatenlebens in Soest hat er viel Erfolg, 3 .... die Offiziere in seinem Regiment ihn nicht mögen. 4 .... bringt er sein Geld nach Köln, 5 .... er es bei einem Kaufmann deponiert.

6 .... er als Gefangener in der schwedischen Garnisonsstadt Lippstadt nichts tun soll, beschäftigt 7 .... Simplicius mit Fechten und mit Frauen. 8 .... er aber die Nacht bei der schönsten dieser Frauen verbringen darf, muss er ihr monatelang den Hof machen. In der ersten Nacht bei ihr 9 .... Simplicius von ihrem Vater überrascht und muss sie heiraten. Er reist nach Köln, 10 .... da sein Geld zu holen.

Diskussion und Recherche

1 Einer Frau den Hof machen, ist für Simplicius offenbar nicht schwer. Was tut er (R), was tut er nicht (F)?

	R	F
1. Er schwört ewige Liebe –	☐	☐
2. Er schenkt ihnen Diamanten und Smaragde –	☐	☐
3. Er spielt ihnen etwas auf der Laute vor –	☐	☐
4. Er liest ihnen aus der Bibel vor –	☐	☐
5. Er macht akrobatische Übungen, um sie zum Lachen zu bringen –	☐	☐
6. Er gibt ihnen Alkohol zu trinken (macht sie betrunken) –	☐	☐
7. Er kauft sich Liebespulver bei einer Hexe...	☐	☐

2 Was empfiehlst du?

Manche Männer zeigen sich cool. Den Autoschlüssel in der Hand (Porsche) sagen sie nur kurz: „Ich will dich, Puppe!" oder „Du gefällst mir, Kleine!"
Im Film funktioniert das manchmal. Aber im Leben ... ? Was sollte man (nicht) tun?

Sich großzügig zeigen: Soll er teure Geschenke machen (Ferrari, Pferde, Ringe mit Diamanten) oder soll er ihr lieber kleine Dinge schenken (Blumen, Pralinen, Bücher)?
Interessante Dinge tun, erzählen oder vorschlagen: Ins Theater gehen oder auf einen großen Ball, in exotische Restaurants einladen, von einer Reise zum Kilimandscharo erzählen und eine Reise nach Patagonien vorschlagen, von seinen Jahren als Bankräuber erzählen oder einen Bankraub vorschlagen, den Präsidenten der USA kennen ...

Romantisch sein: Blumen verschenken, kleine Restaurants, nette Komplimente machen (zum Beispiel?), Liebesgedichte für sie schreiben, etwas auf der Gitarre vorspielen oder vorsingen...
Zurückhaltend sein: nicht klar seine Intentionen ausdrücken, Gefühle indirekt mitteilen, nicht zu oft anrufen, ...

Simplicius kommt in der Welt herum und versucht sich als Straßenräuber

9

Der Kaufmann, bei dem ich das Geld deponiert hatte, ist bankrott.
Ist das Geld verloren? Ich gehe zu einem Prokurator.

„Geduld [1] müsst Ihr haben", sagt er. „Ich mach das schon. In der Zwischenzeit könnt Ihr bei mir wohnen."

„Gut", denke ich, denn ich habe nicht viel Geld. Leider ist der Prokurator der geizigste Mann von Köln.

In seinem Haus wohnen auch Studenten und andere Männer wie ich.

Alle sind nach kurzer Zeit so mager, dass sie neue Kleidung brauchen.

1. **e Geduld** : braucht man, wenn man warten muss.

Es gibt immer dasselbe: fauliges [1] Rindfleisch, steinharten Käse und einen sauren, wässrigen Wein.

Von meinem Geld sehe ich nichts. „Geduld“, sagt der geizige Prokurator immer wieder.

„Habt Ihr nicht Lust“, fragt er mich eines Tages, „zwei junge Herren nach Paris zu begleiten? Ich gebe Euch drei gute Pferde mit und bezahle die Ausgaben.“

Warum nicht.

In Paris angekommen, kommt die Polizei zu uns ins Hotel.

Meine drei Pferde werden konfisziert. Sie gehören einem belgischen Adeligen und nicht meinem Prokurator. Wie komme ich jetzt wieder nach Köln zurück?

„Ein alter Trick“, sagt einer der beiden jungen Adeligen, mit denen ich in Paris bin.

„Jetzt kann der Prokurator in Köln Euer Geld einkassieren.“

Die beiden adeligen Herren haben oft Besuch von einem Franzosen.

Dieser Monsieur Canard sucht einen Hauslehrer für seine Kinder.

„Ich zahle gut“, sagt er, „und bei mir zu Hause könnt Ihr gut, nein: sehr gut essen!“

Er ist ein guter Arzt. Von allen Seiten regnet es nicht nur Geld ins Haus, sondern auch Geschenke. Selten habe ich so viel und so gut gegessen wie bei ihm.

Aber ich lerne auch viel.

Ich helfe Canard im Labor und gehe mit ihm auf Krankenbesuche.

1. **faulig** : nicht mehr gut.

Wenn wichtige Gäste kommen, bittet man mich oft, auf der Laute zu spielen und deutsche Lieder zu singen.

„Wirklich schön", kommentiert man mein Spiel. „Schade, dass Ihr kein Französisch könnt."

Schließlich höre ich, der König lädt zu einem musikalischen Theaterspiel ein.

Ich will es versuchen, informiere mich und bereite mich auf die Rolle des Orfeus vor.

Es wird ein großer Erfolg. *Beau Allemand* nennen mich die Franzosen. Sie laden mich immer wieder ein.

Vor allem adelige Damen interessieren sich sehr für mich.

Nachts lassen sie mich manchmal rufen.

Für meine Dienste und für meine Diskretion werde ich gut bezahlt.

So leicht habe ich noch nie Geld verdient.

Aber ich habe Angst vor Krankheiten. Und ich will endlich nach Hause zurück.

Ich verlasse Paris bei Nacht und Nebel.

Schon am zweiten Morgen meiner Reise fühle ich mich krank. Ich kann nicht aufstehen. Ich habe Fieber. Auf meinem Körper formen sich rote Pusteln.

„Das hast du von deinem Leben in Paris!" denke ich: „Das ist die Französische Krankheit [1]!"

Ich bin in einem kleinen Dorf. Da gibt es keinen Arzt und ich habe auch keinen Diener.

Nur der Wirt kommt manchmal und hilft, so gut er kann.

1. **e Französische Krankheit** : Syphilis.

Meine Reisetasche ist leer. Jemand hat mir das Geld gestohlen. Nur einen Ring mit Rubinstein habe ich noch. Ich verkaufe erst den Ring, dann mein Pferd. Schließlich muss ich, immer noch schwach, das Gasthaus verlassen.

Die roten Pusteln sind nicht mehr da. Es war nicht die Syphilis, aber an Stelle der Pusteln habe ich jetzt auf dem ganzen Körper hässliche Narben [1]. Auch meine Stimme ist ruiniert. Keine Frau sieht mich mehr an. Aber im Moment ist etwas anderes wichtiger: Ich will nach Straßburg, um von da aus nach Hause zu kommen. Ich habe kein Geld mehr. Ich muss zu Fuß gehen und mich durchschlagen [2], wie ich kann. Aber auch als armer Mann ist einem das Leben nicht sicher.

Ich bin schon auf halbem Weg. An der Straße steht ein altes Haus. Es scheint unbewohnt.

Plötzlich schießt jemand auf mich.

Schon springt ein großer starker Mann auf mich zu. Er hat ein großes Messer in der Hand.

„Lass das Gewehr fallen!" schreit er.

„Das möchtest du gern, was?" antworte ich und will auf ihn schießen.

Aber er ist schon über mir. Ich gebe ihm mit dem Gewehr einen Schlag auf den Kopf.

Er geht [3] zu Boden. Sofort werfe ich mich auf ihn. Das Messer fliegt ins Gebüsch.

Der Mann springt auf und packt mich an den Haaren.

Jetzt schlagen wir uns mit bloßen Fäusten [4].

1. **e Narbe(n)** : Zeichen, das nach einer Verletzung bleibt.
2. **sich durchschlagen** : weiter kommen, so gut es geht.
3. **zu Boden gehen** : fallen.
4. **e Faust("e)** : geschlossene Hand.

Nach zwei Stunden können wir nicht mehr. Wir liegen nebeneinander im Dreck.

Wir stehen auf und geben uns die Hand.

„Es wird dunkel, Bruder", sagt der Mann. „Willst du nicht mitkommen? Ein Stück Fleisch und einen Becher Wein kann ich dir anbieten."

Ich bin müde und nehme das Angebot an.

Auf dem Weg fragt er mich, in welcher Armee ich diene.

„Bei den Kaiserlichen", antworte ich. „Und du?"

Er lacht. „Ich diene niemandem. Ich führe meinen eigenen Krieg. Wie heißt du eigentlich?"

„Simplicius."

Er bleibt stehen. „Das darf doch nicht wahr sein!" ruft er.

„Ich bin Olivier! Weißt du noch, bei Magdeburg?"

Ich sage nichts.

In seinem Haus bringt uns ein Bauer einen Rinderbraten und Wein.

„Einen guten Wirt hast du da!" sage ich.

„Logisch!" antwortet mir Olivier, „ich gebe ihm, seiner Frau und seinen Kindern zu essen."

„Also bist du wirklich Räuber geworden?" frage ich ungläubig.

„Es geht mir verdammt gut dabei", erklärt mir Olivier.

„Aber wenn sie dich fangen, hängen sie dich auf", gebe ich zu bedenken [1].

„Ach, so leicht kriegen [2] sie mich nicht", meint Olivier.

1. **zu bedenken geben** : etwas Kritisches sagen.
2. **jdn. kriegen** : fangen.
3. **sich schämen** : sich schlecht fühlen, weil man etwas Böses getan hat.

„Aber schämst [3] du dich nicht?“ will ich noch wissen.

„Simplicius! Mich schämen? Weil ich das mache, was alle machen? Nun hör mir mal zu: Wenn ein General für seinen König ein ganzes Land raubt, wenn er Männer, Kinder und Frauen ermordet, dann ist das eine heroische Tat. Wenn ich einem dicken Kaufmann sein Geld abnehme, dann soll ich mich schämen! Simplicius, du bist und bleibst ein Narr!“

„Vielleicht hast du Recht“, gebe ich zu. „Ich will ein paar Tage hier bleiben und sehen, ob mir das Räuberleben auch gefällt.“

Am nächsten Tag legen wir uns in einem leeren Haus, das neben der Straße liegt, ans Fenster und warten.

Olivier erzählt mir sein Leben und ich will anfangen. ihm von meinem Leben in Paris zu erzählen, als wir eine Kutsche [1] näher kommen sehen.

Sie wird von zwei Reitern begleitet.

Olivier nimmt seine Muskete und schießt. Einer der Reiter fällt vom Pferd. Der andere flieht.

Olivier springt auf die Kutsche und schlägt den Kopf des Kutschers in zwei Hälften.

Dann will er auch die Frau und die Kinder töten, die in der Kutsche sitzen.

„Tu's nicht!“ rufe ich. „Es sind doch unschuldige Kinder!“

Olivier sieht mich an. „Alter Narr“, sagt er, „das sind die Kinder des Kommandanten. Das ist der brutalste Blutsauger, [2] den es gibt.“

Aber er lässt die drei Gefangenen leben. Wir sperren sie in

1. **e Kutsche(n)** : Pferdewagen.
2. **r/e Blutsauger/in** : Vampir/in.

einen Keller und geben ihnen ein bisschen trockenes Brot und Wasser mit.

Abends essen und trinken wir bei unserem Bauern.

Wir gehen früh schlafen.

Es wird gerade hell, als plötzlich sechs Musketiere und ein Unteroffizier im Zimmer stehen.

Olivier, der immer ein Gewehr unter dem Bett liegen hat, schießt. Zwei der Soldaten sind sofort tot. Den dritten und vierten kann ich erschießen.

Dann kämpfen wir Mann gegen Mann.

Olivier tötet noch zwei Soldaten im Kampf, einen töte ich.

Aber am Ende liegt auch Olivier tot am Boden.

Ich nehme Oliviers Muskete, binde mir seine Geldsäcke um und gehe hinaus.

Da kommt der Bauer gelaufen.

„Halt!“ rufe ich: „Wenn du nicht auch sterben willst, bring mich in die nächste Stadt.“

Den ganzen Tag und zwei Nächte wandern wir ohne Pause. Dann sehe ich die Stadtmauern vor mir und lasse den Bauern laufen.

Zum Verständnis

1 Kein Geld, kein Pferd – allein auf der Welt. Was ist richtig, was nicht?

	R	F
1. Der bankrotte Kaufmann ist mit Simplicius' Geld aus Köln geflohen.	☐	☐
2. Simplicius bittet einen Prokurator (Anwalt), ihm zu seinem Geld zu verhelfen.	☐	☐
3. Simplicius ist der einzige Gast des Prokuratoren.	☐	☐
4. Das Essen beim Prokuratoren ist nicht gut.	☐	☐
5. Um nicht dort bleiben zu müssen, kauft sich Simplicius Pferde und reitet nach Paris.	☐	☐
6. Das Pferd gehört nicht Simplicius, aber dem Prokuratoren auch nicht und die Polizei nimmt es mit.	☐	☐
7. Simplicius befindet sich ohne Geld und ohne Pferde in Paris und weiß nicht, wie er nach Hause kommen soll.	☐	☐

2 Leben in Paris – dem *Sündenbabel*. Ergänze in der (grammatisch) richtigen Form.

Monsieur Canard ist ein bekannter [1]........................, verdient viel und bekommt [2]........................ von seinen Patienten. Simplicius arbeitet als [3]........................ bei Monsier Canard und als [4]........................ für den Pariser Adel. Simplicius [5]........................ sich auch. Als er aus Paris abgereist ist, wird er krank. Er hat Angst. Ist das die Strafe für sein [6]........................?

s unmoralische Leben – r Arzt – sich prostituieren – r Schauspieler – r Hauslehrer – s Geschenk

3 Auf dem Weg nach Hause? Beantworte die Fragen.

1. Simplicius muss kämpfen. Womit kämpft er?
2. Wie heißt sein Gegner?
3. Woher kennt Simplicius den Mann?
4. Was ist der Mann von Beruf?
5. Wie lebt er?
6. Wie findet Simplicius sein Leben?

4 Räuber oder König? Ist das nicht dasselbe? Schreibe zwei (sehr) kurze Monologe.

Warum schämt sich der Räuber nicht?

„Ich sehe keinen Unterschied zwischen Räubern und Königen. ...“

Warum findet der Räuber es richtig, auch die Frau und die Kinder in der Kutsche zu töten?

„Du meinst du siehst unschuldige Kinder, Simplicius, aber ...“

5 Fette und magere Monate. Zusammenfassung.

In Simplicius’ Leben geht es auf und ab.

Ordne die folgenden Elemente chronologisch und gib jeweils an, wie glücklich oder unglücklich dort gewesen ist.

In Soest – auf der Reise nach Hause – im Kloster „Paradies“ – in Paris – allein im Hotel in Frankreich – bei Olivier – die Monate in Lippstadt – die Zeit in Köln

Wortschatz

1 **Ein paar Wörter aus dem Text sollten wir wiederholen. Setze das passende Verb in der richtigen Form ein.**

Ich weiß nicht, wovon ich leben soll, ich muss mich [1]......................, so gut es geht. Wenn zwei Gegner miteinander [2]......................, können sie die Pistole nehmen, einen Stock oder auch Florett der Säbel, das heißt dann [3]...................... . Ich muss auf die Bibel [4]......................, damit sie mir glauben. Dass du die Leute hier ansiehst, ist ja in Ordnung, aber du brauchst sie doch nicht gleich [5]...................... . Sie ließen viele Menschen [6]......................, denn sie sollten zugeben, dass sie Hexen oder Zauberer waren.

schwören – sich durchschlagen – anstarren – foltern – kämpfen – fechten – anstarren

2 **Was ist das? Welches Substantiv (und welcher Artikel) fehlt?**

1. Eine Frau, die noch mit keinem Mann geschlafen hat, ist ...
2. Ein Mann, der ein asketisches Leben außerhalb oder Welt, aber mit anderen zusammen, führt ...
3. Am Anfang der coniuratio gegen den Tyrannen steht ...
4. Ein Parasit, der auf dem Körper des Menschen und in den Haaren lebt, ist ...
5. Eine Frau, die mit anderen Frauen ein asketisches Leben führen will, heißt ...
6. Mönche oder Nonnen leben im ...
7. Jemanden, der dumm ist, nennt man ... (aber vielleicht schlägt er uns dann)

e Laus – r Schwur – e Nonne – r Mönch – s Kloster – r Trottel – e Jungfrau

KAPITEL 9

Simplicius findet seinen Freund wieder und verliert ihn für immer

10 Ich habe Hunger und gehe in ein Gasthaus.

Während ich dort beim Essen sitze, kommt ein Bettler herein.

Er geht am Stock, den Kopf hat er verbunden [1], einen Arm trägt er in einer Binde [2]. Er ist schmutzig und verlaust [3]. „Was willst du hier? Raus!" schreit der Wirt.

Mir tut der Mann Leid.

„Lasst ihn doch! Ein paar Minuten wenigstens!" bitte ich den Wirt.

Der Bettler kommt an meinen Tisch, einen Holzteller in der Hand.

1. **verbunden** (verbinden, verband) : um eine verletzte Stelle kommt ein Stück Stoff.
2. **e Binde(n)** : (hier) hilft den Arm halten.
3. **verlaust** : voller Läuse.

Ich gebe ihm etwas.

„Herzbruder dankt“, sagt er leise.

Ich sehe ihn an. Kann das sein? Es ist mein Freund Herzbruder!

Ich muss weinen und bitte ihn an meinen Tisch.

„Was ist denn geschehen, Herzbruder?“ frage ich.

„Vor ein paar Monaten haben wir eine große Schlacht verloren. Mich haben sie am Kopf erwischt [1]. Ich lag wie ein Toter da. Die Soldaten haben mich in den Rhein geworfen. Lange bin ich im Rhein getrieben [2], aber ich bin ein guter Schwimmer und schließlich konnte ich an Land. Zu unserer Truppe wollte ich nicht zurück. Denn alle sagen jetzt, unser General hat uns verkauft. Ich war sein erster Adjutant, verstehst du? Was sollte ich tun? Zum Glück habe ich dich getroffen.“

Ich lasse die besten Ärzte der Stadt rufen und zeige ihnen einen Rubin. „Wenn Ihr meinen Freund gesund macht, bekommt ihr diesen Stein.“

Nach einer Woche kann Herzbruder wieder normal gchen und den Verband vom Kopf nehmen.

„Es gibt da noch etwas“, sagt Herzbruder eines Abends zu mir. „Ich habe ein Gelübde abgelegt [4]. Ich muss nach Einsiedeln in der Schweiz pilgern [1].“

„Da komme ich mit“, sage ich sofort.

„Das ist nichts für dich, Simplicius. Da geht man zu Fuß hin,

1. **jdn. erwischen** : (hier) mit einer Kugel treffen.
2. **getrieben** (treiben, trieb) : (hier) ohne Bewegung schwimmen.
3. **ein Gelübde ablegen** : vor Gott schwören, dass man etwas tun will.
4. **pilgern** : zu einem religiös wichtigen Ort reisen (Lourdes, Mekka).

mit Erbsen in den Schuhen."

Aber am Ende komme ich mit.

Wir sind nicht weit von der Schweizer Grenze.

Schon am Abend des ersten Tages sind wir in der Schweiz.

Aber was ist das für ein Land? Ist das das Paradies? Die Menschen leben und arbeiten in Frieden. Ihre Bauernhöfe sind voll von Hühnern, Schweinen und Kühen.

Vor den Gasthäusern sitzen die Männer, trinken und lachen. Hat hier niemand Angst?

Mit offenem Mund wandere ich weiter.

„Nimm deinen Rosenkranz und bete, das ist eine Pilgerreise", sagt Herzbruder immer wieder zu mir.

Abends tun uns die Füße weh.

Ich bringe meine Erbsen in die Küche und lasse sie kochen. Dann sind sie nicht so hart.

Eines Abends sieht Herzbruder, warum meine

Füße nicht so schmerzen wie seine.

„Du bist unverbesserlich, Simplicius! Ich hoffe nur, mit Gottes Hilfe kommst du noch auf den rechten Weg! Sonst können wir nicht Freunde bleiben."

Er hat Recht. Was soll ich in der Kirche von Einsiedel? Seit

Jahren gehe ich nur noch selten in die Kirche, und ich gehe nie beichten [1]. Ich habe so viel Unrecht getan im Leben, da ist es vielleicht auch zu spät.

Als wir in die Kirche von Einsiedeln kommen, exorzisiert der Pfarrer gerade einen Mann, der wie ein Wilder durch die Kirche springt.

Der Pfarrer lässt sich nicht stören: „Teufel, hörst du mich? Lass diesen Mann ..."

Aber der Besessene [2] steht plötzlich vor mir und schreit: „Simplicius, du hier? Hast du keine Angst hier im Gotteshaus? Hast du nicht gemordet und gestohlen? Hä?" Er lacht.

An diesem Abend gehe ich beichten und dann zur Kommunion.

Endlich habe ich Gott wieder gefunden.

Mit Herzbruder wandere ich nach Deutschland zurück.

Zum ersten Mal erzähle ich ihm von meiner Frau.

„Wie?" fragt mich Herzbruder. „Du hast eine Frau, die auf dich wartet, bist aber erst mit mir in die Schweiz gekommen? Schäm dich!"

Er hat Recht. Sofort schreibe ich einen Brief an meine Frau und einen an meinen Schwiegervater.

In der Zwischenzeit hat man Herzbruders General in Wien rehabilitiert.

Ich begleite Herzbruder nach Wien und warte auf die Antwort aus Lippstadt. Aber es kommt keine Antwort.

1. **beichten** : (religiös) einem Pfarrer sagen, was man Böses getan hat, um die Absolution zu bekommen.
2. **r/e Besessene(n)** : Person, in der ein Dämon wohnt.

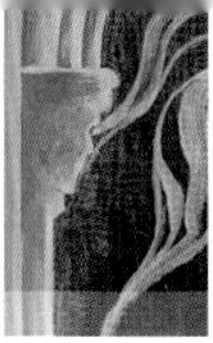

„Dann musst du selbst nach Lippstadt fahren“, sagt Herzbruder.

Ich verkleide mich als Kurier und reite los.

In Lippstadt angekommen, frage ich nach meinem Schwiegervater und meiner Schwiegermutter. Sie leben nicht mehr. Auch meine Frau ist sofort nach der Geburt unseres Sohnes gestorben. Ihre Schwester hat das Kind adoptiert.

Ich besuche sie. Ich stelle mich als Simplicius’ Freund vor.

„Euer Freund hat sich nicht wieder sehen lassen“, erzählt mir die Schwester meiner Frau. „Da haben wir das Kind aufgenommen. Wir lieben den Jungen wie ein eigenes Kind.“

Während sie das sagt, spielt das Kind im Zimmer. Wie schön mein Sohn ist! Ich nehme einige Ringe mit Edelsteinen aus der Tasche und lege sie auf den Tisch. „Simplicius wollte sie seiner Frau schicken. Ihr könnt sie später seinem Sohn geben.“

Bevor ich gehe, will ich den kleinen Simplicius küssen. Als ich ihn im Arm halte, blutet uns beiden die Nase im selben Moment.

Vierzehn Tage später komme ich als Bettler wieder nach Wien, denn auf dem Weg hat man mich ausgeraubt.

Herzbruder ist krank. Von Tag zu Tag geht es ihm schlechter.

Niemand weiß, was er hat.

Wir fahren zusammen in ein Bad [1]. Die Ärzte dort sagen, man hat ihn in Wien vergiftet [2].

Sie können nichts mehr für ihn tun. Nach wenigen Tagen ist mein einziger Freund tot.

1. **s Bad("er)** : (hier) Thermalbad.
2. **jdn. vergiften** : jdm. Substanzen geben, die tödlich sind.

Zum Verständnis

1 Simplicius trifft Herzbruder wieder. Streiche, was nicht richtig ist.

1. Herzbruder ist (arm / ~~malariakrank~~ / ~~reich~~).
2. Man hält Herzbruders General für einen (Verkäufer / Verräter / Trottel).
3. Herzbruder will nicht zu seiner Armee zurück, denn er war (der Knecht / der Komplize / der Adjutant) des Generals.
4. Herzbruder wird bald wieder (gesund / krank), denn Simplicius verspricht seinen Ärzten einen (Kuss/ Edelstein / Scheck).
5. Herzbruder will mit (Erbsen / Birnen) in den Schuhen nach (Einsiedeln / Lourdes / Canossa) pilgern, weil er (gesund werden will / das geschworen hat).
6. Simplicius kommt (nicht) mit, weil er (seinen Freund nicht allein lassen will / auch sehr religiös ist).

2 Das Paradies auf Erden: Die Schweiz. Verbinde.

1. Simplicius findet das Leben in der Schweiz paradiesisch,
2. Simplicius wundert sich über die Bauernhöfe,
3. Simplicius wundert sich über die Gasthäuser,
4. Herzbruder meint, Simplicius soll nicht so viel gucken,

a. ☐ denn sie sind auf einer Pilgerreise und da betet man.

b. ☐ denn die Leute sitzen vor der Tür, lachen und trinken.

c. ☐ denn in den Ställen stehen Kühe und Schweine.

d. ☐ denn Zeit seines Lebens hat er in Deutschland nur den Krieg gesehen.

3 Simplicius wird katholisch. Beantworte die Fragen.

Simplicius hat bei einem protestantischen Einsiedler und in einer protestantischen Garnisonsstadt (Hanau) gelebt, ist dann Soldat geworden und hat Gott und die Kirchen vergessen. Jetzt kommt er in eine Kirche, wo der Pfarrer gerade einen Exorzismus durchführt. Ein Mann ist von einem Dämonen besessen.

1. Was tut dieser Mann?
2. Kann er Simplicius schon einmal gesehen haben?
3. Was weiß er von Simplicius?
4. Warum macht der Mann Simplicius Angst?
   Dann geht Simplicius zur Beichte und zur Heiligen Kommunion.
5. Wird er jetzt ein besserer Mensch?

4 Simplicius trifft seinen Sohn. Verbessere die unrichtigen Sätze.

1. Simplicius' Frau ist tot.
2. Simplicius' Schwiegervater und seine Schwiegermutter sind tot.
3. Die Schwester von Simplicius' Frau (seine Schwägerin) ist tot.
4. Simplicius' Sohn lebt noch, sieht aber nicht gut aus.
5. Bald stirbt auch Herzbruder.

5 Wie sieht es jetzt in Simplicius' Leben aus? Wähle, was passt.

1. Simplicius ist jetzt ...
   närrisch – arm – krank – allein – traurig – lustig
2. Simplicius hat ...
   keine Familie – Geld – Probleme

Simplicius heiratet, wird Vater, wird bald wieder Witwer, freut sich darüber, hat dann aber doch genug

11

Ich trauere lange. Ich tue nichts, wandere durchs Land, denke nach.

So liege ich eines Tages an einem Bach, als ein wunderschönes Mädchen auf der Straße vorbei geht. Sie trägt das Kleid einer einfachen Bäuerin. Auf dem Kopf trägt sie einen Korb [1]. Sie geht ins Dorf, um Butter zu verkaufen.

Ich gehe ihr nach und sage: „Schönes Mädchen! Mein Herz steht in Flammen, seit ich Eure Augen gesehen habe."

Sie läuft weg.

Ich laufe den ganzen Tag hinter ihr her.

So geht das tage- und wochenlang. Hat sie ein Herz aus Stein?

Schließlich bitte ich um ihre Hand.

Diese unschuldige Feldblume soll meine Frau werden.

1. **r Korb("e)** : aus trockenen Pflanzen, darin trägt man Brot etc.

Sie sagt ja.

Sie lebt allein in einem kleinen, etwas armseligen[1] Bauernhof, denn ihre Eltern sind gestorben.

Mit meinem Geld lasse ich ein neues Haus bauen, kaufe Kühe und Schweine.

Aber meine Feldblume ist so unschuldig nicht. Für mich, für das Haus und die Tiere interessiert sie sich gar nicht. Sie trinkt und wird dick und hässlich.

Ich bin fast nie zu Hause und gehe täglich mit meinen Freunden ins Gasthaus.

Auf dem Weg sehe ich eines Tages einen alten Mann, der eine alte Ziege hinter sich her zieht.

Mir scheint, ich kenne diesen Mann.

„Pardon, mein Herr“, spreche ich ihn an.

„Hä?“

„Seid Ihr nicht aus dem Spessart?“

„Jawohl, der Herr“, sagt er.

„Und sind nicht vor achtzehn Jahren Reiter gekommen, haben Euren Hof angesteckt[2] und Euch alles genommen?“

„Ja, mein Herr.“

„Und habt Ihr nicht einen Sohn und eine Tochter?“

„Eine Tochter ja, der Herr, aber der Junge war nicht unser Sohn. Und dann ist er auch mit den Reitern weg und nie wieder gekommen.“

Kurz: dieser Alte ist mein Knan — aber er ist nicht mein Vater!

Ich bringe ihn ins Gasthaus.

1. **armselig** : mit wenig Geld gebaut.
2. **etw. anstecken** : Feuer legen.

„Ja, siehst du", erklärt er mir endlich, „da waren viele Soldaten im Land und es hat eine große Schlacht gegeben und wir haben uns im Wald versteckt. Ich bin einmal aufs Feld und da sehe ich einen Reiter näher kommen. Erst will ich ihn totschießen, aber dann sehe ich: es ist eine Frau mit einem dicken Bauch. Sie bittet mich um Hilfe. Ich soll sie zu meiner Frau führen. Bei uns im Wald wird dann ein Junge geboren. Wir können noch den Pfarrer holen und das Kind auf den Namen Melchior taufen lassen, aber die Frau ist dann gestorben. Ihr Mann ist Offizier, hat sie gesagt, und ihr Bruder Kommandant von Hanau. Aber das steht alles im Taufbuch unserer Kirche."

Ich bin der Sohn des Einsiedels!

Mein Knan holt auch meine Meuder. Ich bringe sie auf meinen Bauernhof, wo sie mit meiner Frau und mit mir leben sollen. Sie übernehmen die Arbeit auf dem Hof. Das machen sie besser als meine Frau und ich.

Ich reise in den Spessart und lasse mir eine Kopie des Taufregisters machen.

Mein Name ist Melchior Sternfels von Fuchsheim.

Zehn Monate später bekommt meine Frau ein Kind. Es hat das Gesicht [1] meines Knechts.

Am selben Tag liegt vor der Haustür ein zweites Kind. Es hat mein Gesicht.

Es ist das Kind einer hübschen Magd, die auf unserem Hof gearbeitet hatte.

Meine Frau trinkt immer mehr. Bald nach der Geburt stirbt ihr

1. **s Gesicht(er)** : Vorderseite des Kopfes (wo die Augen sind).

Kind.

Dann stirbt auch sie.

„Endlich“, denke ich.

Das Kind der Magd nehme ich als mein Kind an. Nach meinem Tod soll der Hof ihm gehören.

Ich selbst will von der Welt nichts mehr wissen.

Auch die Welt der gelehrten Bücher interessiert mich nicht mehr.

„Dein Leben ist kein Leben gewesen“, sage ich jetzt oft zu mir selbst. „Deine Jugend war eine Phantasterei, dein Glück hast du verspielt. Als dein Vater starb, da warst du unschuldig und rein, bist aber bald falsch, böse und schließlich gottlos geworden. Es ist Zeit, der Welt Adieu zu sagen. Folge dem Beispiel deines Vaters!“

Ich suche mir einen Platz im Wald, fern von anderen Menschen.

Ich nehme nur ein paar religiöse Bücher mit.

Ich mache mir aus einem Sack ein Gewand.

Ich baue mir eine kleine Hütte.

Ich will wieder Einsiedel sein.

Zum Verständnis

1 Eine Liebesheirat. Welche der Alternativen ist/sind richtig? Ist es eine, sind es zwei oder alle?

1. Simplicius heiratet eine Bäuerin.
   - a. ☐ Er findet sie schön.
   - b. ☐ Er denkt: „Das ist ein unschuldiges Mädchen vom Lande."
   - c. ☐ Solange er sie nicht heiratet, will sie nichts von ihm wissen.

2. Nach der Hochzeit...
   - a. ☐ leben die beiden glücklich und zufrieden bis ans Ende ihrer Tage.
   - b. ☐ wird das Landmädchen dick und hässlich.
   - c. ☐ gibt Simplicius viel Geld für den Bauernhof seiner Frau aus.
   - d. ☐ geht Simplicius so oft wie möglich aus dem Haus.

3. Seine Frau bekommt ein Kind.
   - a. ☐ Er denkt: „Das Kind ist nicht von mir."
   - b. ☐ Er freut sich natürlich sehr über dieses Kind.
   - c. ☐ Auch die Magd bekommt ein Kind, und das ist wirklich von Simplicius.
   - d. ☐ Simplicius ist nicht traurig, als seine Frau und ihr Kind kurze Zeit später sterben.

2 Endlich vereint ... Die Familie, die keine ist. Wer ist was? Verbinde.

Simplicius' Vater war ...	der Knan.
Seine Mutter war ...	sein Onkel.
Der Kommandant von Hanau war ...	der Einsiedler.
Sein Adoptiv- oder Pflegevater war ...	die vermisste Schwester des Kommandanten.
Seine Adoptivmutter war ...	die Meuder.

3 Es ist alles eitel ... Simplicius sagt: „Adieu Welt". Warum?

Die Eitelkeit der Welt ist ein beliebtes Thema im Barock. Aber Simplicius hat tatsächlich viele gute Gründe, alles das, was wir Menschen sonst suchen, für nichtig und leer zu halten. Was könnte uns an dieser Welt interessieren?

1. Machen wir eine Liste: e Liebe, e Familie, s Geld, r Ruhm, e Schönheit ... Fällt dir noch mehr ein?
2. Simplicius hat das meiste davon (oder alles?) gehabt, und ... Wie würde er aus seiner Lebenserfahrung die Nichtigkeit jedes einzelnen der genannten *Werte* erklären?

„Ja, die Liebe", könnte er sagen, „ich habe geliebt, aber ...."

Schreibe einen Monolog. Titel: „Adieu Welt, ich habe genug von dir".

Adieu Welt, ich habe genug von dir.

Ich habe geliebt, auch zweimal geheiratet: einmal habe ich meine Frau sofort verlassen müssen, die andere hat sich in ein dickes, böses, untreues Weib verwandelt.

Falsche Freunde hatte ich viele, auch eine wahre Freundschaft habe ich gekannt, aber mein lieber Herzbruder ist schon lange tot.

Ja, und das Geld ...

Der *Schelmenroman*

Man sagt, Simplicius sei ein Schelmenroman – das ist eine Mischung aus dem spanischen Picaro wie Lazarillo de Tormes und deutschen humorvollen Texten aus dem fünfzehnten Jahrhundert.

Man könnte auch anders herum fragen: gibt es modernere Romane, die dem Simplicius ähnlich sind? Auf diese Frage könntest du versuchen, schriftlich zu antworten.

Ist es ein Entwicklungsroman? Können wir sagen, dass Simplicius im Laufe der Geschichte zu einem reifen Mann wird? Oder ist das Buch vielleicht ein Roman wie *On the Road* von Kerouac (junger Mensch durchfährt Amerika, lernt nichts, verdient nichts, aber es wird ein Buch daraus)? Oder eher von bestimmten Vertretern der Trivialliteratur: Kriegsromanen und Historischen Romanen zum Beispiel oder Familien-Sagas? Was trennt Simplicius von jeder dieser literarischen Formen?

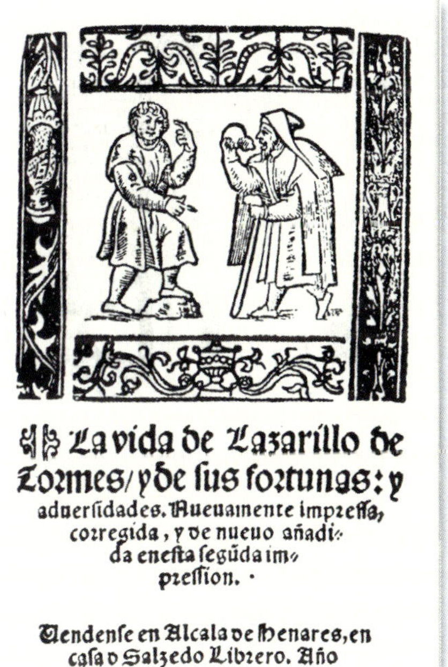

La vida de Lazarillo de Tormes/ y de sus fortunas: y aduersidades. Nueuamente impressa, corregida, y de nueuo añadida en esta segũda impression.

Vendense en Alcala de Henares, en casa d Salzedo Librero. Año de. M. D. LIIII

❶ Lies die folgenden Zitate aus Literaturgeschichten. Was scheint dir richtig, was nicht? Warum (nicht)?

1. Der Held ist ein negativer Held.
2. Dies ist ein episodenhafter Roman.
3. Der Roman hat eine kreisförmige Struktur.
4. Der Text ist nicht besonders schön oder interessant.
5. Der Roman folgt dem Modell des mittelalterlichen Bildungsromans: Unschuld, Sünde, Bekehrung.

❷ Beschreibe das Titelbild der Originalausgabe

1. Das Wesen auf dem Bild ist ... was?
2. Identifiziere Füße, Schwanz, Flügel und Hörner – zu welchen Tieren gehören sie?
3. Der Teufel ist auch dabei. Wo?
4. Was sollen wohl die Masken zu Füßen des Wesens bedeuten?
5. Das Wesen sieht uns Leser und Leserinnen an. Wie? skeptisch – sarkastisch – böse – ironisch –liebevoll ...
6. Welche Symbole siehst du im aufgeschlagenen Buch?
7. Es gibt da eine Narrenkappe und eine Krone. Was haben sie mit der Geschichte zu tun?

Übrigens: Sind die Abenteuer des Simplicius Simplicissimus noch nicht zu Ende. Grimmelshausen hat mehrere Fortsetzungen geschrieben. „Adieu Welt", das hat er vielleicht doch zu früh gesagt.

Barockes

Die Zeit des Barock ist in Mitteleuropa vom Dreißigjährigen Krieg überschattet. Viele Millionen Menschen sterben, noch mehr verlieren Hab und Gut. Die Literatur der Zeit spiegelt das wider. Sie handelt von Schmerz, Leid und Eitelkeit (*vanitas*). Nun ist der Barock auch eine Zeit der großen Komponisten und Architekten. Die Namen Johann Sebastian Bach und George Händel kennt jeder. Händel und Bach sind 1685 geboren, Neumann 1687.

Für die Zeit des Hochbarock (1650-1700) dominiert in Deutschland also das traurige Bild Grimmelshausens und anderer Autoren, deren Gedichte wir in Schulbüchern lesen. Schriftsteller wie Andreas

N. L. Peschier *Stilleben: Vanitas* (1661)

Gryphius (1616-1664) und Martin Opitz (1597-1639) haben viel geschrieben, und ihre literarische Produktion hängt mit einem aktiven literarischen Umfeld zusammen. Interessant ist, dass viele deutschsprachige Barock-Werke von italienischen Texten ausgehen, so wie Musik und Architektur in dieser Zeit: Gryphius lässt sich von Andreinis *Capitano Spavento* „inspirieren", Opitz dichtet Petrarca-Gedichte nach und schreibt eine deutsche Version von Sannazaros *Arcadia* – aber das Originalgenie wurde erst später erfunden. Den deutschsprachigen Autoren geht es vor allem um eins: die deutsche Sprache. Als Konsequenz des Krieges unter Beteiligung französischer, spanischer und schwedischer Soldaten, als Resultat der Aristokraten-Vorliebe fürs Französische und des Festhaltens am Lateinischen als Intellektuellensprache schien die deutsche Sprache, die sich erst langsam herausgebildet hatte, bedroht. In vielen Städten Deutschlands entstanden „Sprachgesellschaften", zum Beispiel die „Fruchtbringende Gesellschaft" oder der „Pegnitzer Blumenorden" in Nürnberg. Deutsche Dichtung und deutsche Sprache sollten im Mittelpunkt der Arbeit stehen. Viele Schriftsteller und Intellektuelle schrieben Gedichte und Theaterstücke, aber auch die ersten Grammatiken der deutschen Sprache und Traktate, in denen sie erklärten, das Deutsche stamme direkt vom Hebräischen und Griechischen ab. Ohne Polemik ging es aber nicht. Berühmt sind die Vorschläge des Hamburger Philipp von Zesen, der auch Wörter lateinischer Herkunft nicht mehr erlauben wollte – zum Beispiel sollte man statt „Nase" „Gesichtserker" sagen.

Gegen das ruinierte Deutsch der Hofleute, Soldaten und Intellektuellen schrieb Andreas Gryphius eine Komödie mit dem Titel *Horribilicribrifax Teutsch*. Der folgende, etwas vereinfachte und gekürzte Auszug, soll einen Eindruck vom Thema geben.

Sempronius, ein nicht mehr junger Gelehrter, will eine junge schöne Frau heiraten und bittet eine auch nicht mehr sehr junge Expertin (eine Kupplerin) um ihre professionelle Hilfe.

SEMPRON.: Ego appellor Sempronius.

CYRILLE: Ob ich Semmeln oder Honig habe? Ne Herr Grigories ...

SEMPRON.: Höret nur, Ich sage euch purè.

CYRILLE: Sagt ihr, dass ich eine alte Hure bin?

SEMPRON.: Surdo narro fabulam.

CYRILLE: Ey Herr, red er doch kein Polnisch mit mir, ich verstehe Euch nicht.

SEMPRON.: Quid Gallo margaritam?

CYRILLE: Ja im Keller ist Margrite.

SEMPRON.: Höret doch recht zu!

CYRILLE: Ey Herr, so müsst ihr reden, dass ich es verstehe.

SEMPRON.: Ihr kennt Coelestine, oder? An dieselbe habe ich einen Brief von Importanz zu senden.

CYRILLE: Einen Brief vom Tanz?

SEMPRON: Ich sage, dass ich ihr hanc Epistolam, diesen Brief gern ...

CYRILLE: Gestohlen ist er, der Brief vom Tanzen?

SEMPRON.: Er ist nicht vom Tanzen, sondern vom Lieben.

CYRILLE: Aber wer hat ihn geschrieben?

SEMPRON.: Ego

CYRILLE: Ich kenne den guten Mann nicht

Später kommt es zu einem Rededuell mit einem (falschen) Offizier, der sich als großer Arator vorstellt ... Am Ende heiratet Sempronius die alte Kupplerin.

1 Zur Diskussion:

Deutsche Dichter im Barock wollten die Sprache von fremden Elementen (Vokabeln und Formen) „reinigen“. Aus Musik- und Bankwesen sollte alles Italienische, aus dem Militär alles Französische eliminiert werden und manche dachten auch daran, Nase oder Mauer zu ändern. Eine ähnliche Tendenz hat es im nationalsozialistischen Deutschland gegeben (Mathematiker sollten nicht „Spirale“ sagen, sondern „Wendel“...) und heute ist man in Deutschland deshalb eher skeptisch, wenn jemand wieder einmal eine „Reinigung“ fordert. In Frankreich ist das anders, dort interveniert der Staat gegen die Masse von Anglizismen in der französischen Sprache. Was meinst du? Sollte sich der Staat um so etwas kümmern, sollte jeder versuchen, wenig Fremdwörter zu gebrauchen oder klingen Fremdwörter gut, sollten wir die Sprache eher „wachsen“ lassen...

2 Ein schöner Mischmasch

Welche deutschen Wörter kommen woher? Es sind Wörter aus dem Englischen, dem Russischen, dem Jiddischen, dem Tschechischen, dem Japanischen, dem Altgriechischen, dem Französischen und dem Italienischen dabei.

- **a.** das Interface
- **b.** der Schlamassel (= kleine Katastrophe)
- **c.** die Pistole
- **d.** die Oper
- **e.** der Futon
- **f.** die Chaussee
- **g.** die Bibliothek
- **h.** picobello (nur zur Hälfte sind nicht deutsch)
- **i.** die Armee
- **j.** die Chance
- **k.** die Datscha (= kleines Wochenendhaus)